शायरी

जश्न-ए-दीवानगी

जश्न-ए-दीवानगी

राहुल रंजन महिवाल

राधाकृष्ण प्रकाशन

ISBN : 978-81-19989-87-4

जश्न-ए-दीवानगी

पहला संस्करण : 2024

मूल्य : ₹695

प्रकाशक
राधाकृष्ण प्रकाशन प्राइवेट लिमिटेड
जी-17, जगतपुरी, दिल्ली-110 051

शाखाएँ : अशोक राजपथ, साइंस कॉलेज के सामने, पटना-800 006
पहली मंजिल, दरबारी बिल्डिंग, महात्मा गांधी मार्ग, प्रयागराज-211 001
1, अनमोल सोराबजी सन्तुक लेन, धोबी तलाव, मरीन लाइंस, मुम्बई-400 002
वेबसाइट : www.radhakrishnaprakashan.com
ई-मेल : info@radhakrishnaprakashan.com

मुद्रक
बी.के. ऑफसेट
नवीन शाहदरा, दिल्ली-110 032

JASHN-E-DEEWANGI
Poems by Rahul Ranjan Mahiwal

जश्न-ए-दीवानगी

क्रम

भूमिका

हरेक इनसान की शख़्सियत के कई पहलू होते हैं। लेकिन, किसी ख़ास शय का असर उस पर ज़्यादा होता है। तक़रीबन तेरह साल की उम्र में, मोहम्मद रफ़ी साहब के गाए शायराना गीतों को सुनकर, मन में कुछ लिखने की चाहत हुई। इक कशिश थी उन गानों में। ख़ासकर, मोहब्बत-दीवानगी के तराने। जब भी कुछ सुनता, कुछ लिखने की कोशिश करता। इस तरह, गुज़रते वक़्त के साथ ये सिलसिला चलता रहा।

बाद में, पढ़ाई और नौकरी की मसरूफ़ियत की वजह से, लिखना कम होने लगा। इस साल सोचा कि पुराने गीतों को नये तरीक़े से लिखकर लोगों के सामने पेश किया जाए। ये गीत, नज़्म शायद कुछ लोगों को पसन्द आएँ, उन्हें सुकून दें।

अगर कुछ अच्छा कर पाया तो—ख़ुशक़िस्मती मेरी। नहीं तो! 'जश्न-ए-दीवानगी' दीवानों के नाम...

राहुल रंजन महिवाल

हासिल

उन्हें सबकुछ, हमें कुछ नहीं हासिल हुआ
आज रुसवा मेरा प्यार, सरे महफ़िल हुआ

सर आँखों पर जिनके, बैठा करते थे
वही अब हमें, ठुकराने के क़ाबिल हुआ

यूँ तो चोट, उन्हें भी लगी हो शायद
हमेशा की तरह घायल, हमारा ही दिल हुआ

मौजों से खेलते-खेलते, पहुँचे हम जहाँ
मौजें ही खो गईं, कैसा ये साहिल हुआ!

साथ यादगार पल गुज़ारे, प्यार के हमने
उनके बिना, पल भर गुज़ारना मुश्किल हुआ

फ़लसफ़ा सिखाते सबको, सबको प्यार किया करो
हमने किया, नाजायज़? दायरा बड़ा तंगदिल हुआ

तालीम पाकर यक़ीनन बेहतर इनसान बन सकते
चंद हर्फ़ प्यार के सीखे, वही फ़ाज़िल हुआ

साथ रहते थे जिसके, हर पल महिवाल
बड़ा रहमदिल था सनम, अब संगदिल हुआ

तक़दीर

देखो! अपने प्यार को कितना जलाती है दुनिया
उठाकर जनाज़ा इश्क़ का, ख़ुशियाँ मनाती है दुनिया

हम दोनों हैं मजबूर, तक़दीर के हाथों
बेबसी का ख़ूब फ़ायदा, उठाती है दुनिया

साथ चलने पर आसान होंगे रास्ते, सोचा था
यूँ तो और मुश्किलें, बढ़ाती है दुनिया

जुदा थे रास्ते, तो ख़ूब सुनती थी हमें
अब ज़ुबान खोलने पर भी, तड़पाती है दुनिया

ख़ामोश रह घुटने पर, हाल तक नहीं पूछती
हाले दिल सुनाया, क्या सितम ढाती है दुनिया!

सिसकते रहो कितना भी, तसल्ली तो दूर
ज़ख़्मों में और नश्तर, चुभाती है दुनिया

पाक मोहब्बत भी, रास नहीं आती है जिसे
सबको उसका ही पाठ, पढ़ाती है दुनिया

इस दुनिया की रस्मों से, तंग आकर ही
यहीं कुछ आत्माएँ, अलग बसाती है दुनिया

इंतज़ार

उस पल का मुझे बेसब्री से, इंतज़ार होगा
जब किसी हसीना से, टूटकर प्यार होगा

हमारी मिन्नतों, उनके कई इनकार के बाद
कितना ख़ूबसूरत! वो पहला, इक़रार होगा

अब तक तो दीये जलाके, अँधेरा हटाते थे
रूख़े चाँदनी से रौशन, सारा संसार होगा

पहले मुश्किल से मुलाक़ात का मौक़ा देंगे
धीरे-धीरे उनका करम, बार-बार होगा

उलझनों की गिरह, ज़ंजीर-सी दिखती भले
पिघल जाएँगी, वफ़ा की तपिश का वार होगा

पूरा आज़माकर, इक बार जो क़रीब आएँगे
मन फिर कहाँ! दूर जाने को तैयार होगा

बँधते-बँधते, बँध जाएँगे, हमेशा के बंधन में
जिस पल बँधेंगे, वो कितना शानदार होगा!

इतिहास बनाएँगे, सुनहरे पन्ने जोड़ हर दिन
सफ़र ज़िन्दगी का अपना ऐसा, यादगार होगा

शमा बुला रही है

शमा बुला रही है परवाने को
वो है तैयार, उसमें जल जाने को

तेरी ख़ामोशी में भी, इक सदा है
वो कहती रहती, तेरे पास आने को

जिसपे बीतती, वही बयान कर पाता
समझाना आसान कहाँ, इस ज़माने को!

कहते! बिना आग के धुआँ कहाँ उठता
ख़ूबसूरत वजह काफ़ी, दिल लगाने को

कमसिन हुस्न की रग-रग में शरारत
मजबूर इश्क़ चाहिए, ख़ूब सताने को

हाँ-ना में, जान साँसत में अटकी
और कितना वक़्त चाहिए, आज़माने को?

कहते, यक़ीन नहीं, दावे पे आपके
पास आते कहाँ! धड़कनें सुनाने को

हमने तो आँखों का जाम पिया है
बातें समझानी है, साक़ी, पैमाने को

जो अपनी हर साँस में नशा घोले
वो महबूब चाहिए बस! इस दीवाने को

तलाश

ज्यों चंदा चमकता रहता, आकाश में
तुम भी रहा करना, मेरे पास में
बेशक़ीमती हो नगीना, साथ ही है जीना
पाया हूँ तब, ख़ूब भटका तलाश में

बिन हवा के यहाँ, पत्ते कहाँ हिलते!
शिद्दत न हो तो, दिल नहीं मिलते
वरना उम्र निकल जाती है, आस में
तुम भी रहा करना, मेरे पास में

कभी तो तसव्वुर को ताबीर मिलती
जज़्बातों को मिलन की तक़दीर मिलती
कब तक सिसकते भला, शाम उदास में
तुम भी रहा करना, मेरे पास में

चाहत में वफ़ा की चाशनी जो घुलती
इस तरह मन की गिरह, बेहतर खुलती
नज़र बदल देती, आम को ख़ास में

ज्यों चंदा चमकता रहता, आकाश में
तुम भी रहा करना, मेरे पास में
बेशक़ीमती हो नगीना, साथ ही है जीना
पाया हूँ तब, ख़ूब भटका तलाश में

निगाहों से वार करते हो

जब भी छुपकर, निगाहों से वार करते हो
मुझे लगता है, मुझसे बेहद प्यार करते हो
नज़रें मिलाने पर, पलकें झुका लेते क्यूँ?
क्यूँ आशिक़ का जीना, दुश्वार करते हो!

साथ मेरे भी गुमसुम! सबब क्या इसका!
भला क्यूँ नहीं खुलकर, इज़हार करते हो!

हम कैसे समझें ख़ामोशी! उम्रे नादानी में
कितना बेचैन हूँ! क्यूँ बेक़रार करते हो?

सजना-सँवरना हुस्न का, क़ाबिले तारीफ़ यक़ीनन
फिर क्यूँ नहीं, कभी श्रृंगार करते हो!

हम रुख़सत होना चाहें, गवारा है क्या?
रुकने की ज़िद, क्यूँ नहीं, बार-बार करते हो?

हद से ज़्यादा घुटन! दम न घोंट दे
क्या मेरे जनाज़े का, इंतज़ार करते हो!

दिल कहता, समझने में ग़लती नहीं हुई
इश्क़ तुम भी, परदे में, यार करते हो

कोशिशें उन्हें भुलाने की

बहुत कोशिशें की, उन्हें भुलाने की
ख़ुद को भी क्या, भुलाया जाता है?
बार-बार बताने की, ग़रज़ ही क्या
ये पाक जज़्बात, बस! जताया जाता है

वो इस क़दर, मन में उतर चुके
जैसे इबादत को, रब बसाया जाता है

बड़ी शिद्दत के बाद, जो हासिल होता
उसे नहीं, आसानी से, लुटाया जाता है

उन्हें खरोंच भी लगती, दर्द यहाँ होता
ये अहसास, अपने आप, पाया जाता है

बेनज़ीर हुस्न, हो कितना भी पर्दानशीं
बज़्म में, क़िस्सा उसका, सुनाया जाता है

वो भी अकेले में, याद करते होंगे
दिल चीर, सबको थोड़े दिखाया जाता है

तपिश बेइंतहा इसमें, यूँ ही न कहते
समंदर को भी, इससे जलाया जाता है

कायनात शुरू होने से, आज तक भी
इश्क़ ख़ुदा! ये सबको बताया जाता है

ग़मगीन फ़िज़ा

अचानक फ़िज़ा, बहुत ही ग़मगीन हो गई
देखा जो तुम्हें, फिर! बेहतरीन हो गई
आलमे इश्क़ में, तुरन्त सीख लिये सलीक़े
मासूम दिलरुबा, कितनी जल्दी! ज़हीन हो गई

देखकर, हर रोज़ बदलता मिज़ाज उनका
कल शरमा रहे थे, ग़ुस्सा आज उनका
लगा जैसे, हमारी बड़ी तौहीन हो गई
मासूम दिलरुबा, कितनी जल्दी! ज़हीन हो गई

कहते! धूप में जाने से, चेहरा ख़राब होगा
इस चमक में, पर निखरता, शबाब होगा
रंगीन रुख़सार देख, ज़िन्दगी रंगीन हो गई
मासूम दिलरुबा, कितनी जल्दी! ज़हीन हो गई

वो भी क़दम, आहिस्ता-आहिस्ता बढ़ाएँगे
हम भी रफ़्ता-रफ़्ता, पास आएँगे
हाथ थामा, समझो! पूरी तस्कीन हो गई
मासूम दिलरुबा, कितनी जल्दी! ज़हीन हो गई

उनसे न मिले जब, सब था उदास
अब सारा का सारा, ख़ुशमिज़ाज अहसास
कली हसीन खिली, क़ायनात हसीन हो गई

अचानक फ़िज़ा, बहुत ही ग़मगीन हो गई
देखा जो तुम्हें, फिर! बेहतरीन हो गई
आलमे इश्क़ में, तुरन्त सीख लिये सलीक़े
मासूम दिलरुबा, कितनी जल्दी! ज़हीन हो गई

ये निशानी चाँद की

रुख़सार पे तिल, ये निशानी चाँद की
सबसे रोज़ हैं सुनते, कहानी चाँद की
चेहरे से अपने, जो ज़ुल्फ़ें हटाएँ वो
हो जाए हमपे भी, मेहरबानी चाँद की

चौदहवीं का चाँद! दिखता कहाँ सबको!
पूरी होती नहीं तलाश, नूरानी चाँद की

चाँदनी रात चोर को, लगती नहीं भली
दिलबर छुपते रहते, देख जवानी चाँद की

चाँद एक, चकोर कितने! तकते राह उसकी
चाहनेवाले यूँ बढ़ा देते, परेशानी चाँद की

कब तक दिन में, न निकलेंगे बाहर
हमें भी है ज़िद, आजमानी चाँद की

शबनमी रात का अहसास, तीर चुभाता
बातें शुरू जो हो, रूमानी चाँद की

इंतज़ार चाँद का, मुश्किल से कटता दिन
निगाहें हसरत अपनी, पूरी दीवानी चाँद की

एक म्यान में दो तलवारें, रहेंगी कैसे?
ऊपर देख, नीचे बढ़ती हैरानी चाँद की

मेरा चाँद सामने आया, चाँदनी रात में
चमक फीकी पड़ गई, आसमानी चाँद की

तूफ़ानी

हवा का रुख़, बहुत हो गया तूफ़ानी
देख तुझे झूम-झूम, झूमती जवानी
मेरे दिल की हालत, आजकल ऐसी है
क्या तेरे दिल की भी, यही कहानी?

ये कब, कैसे हुआ? समझ न पाया
हर वक्त ख़यालों में, तेरा ही साया
मन की हर बात, बस! तुझे बतानी
हवा का रुख़, बहुत हो गया तूफ़ानी

सबकुछ भूल, तुझे ही याद करना
आने के पहले, जाने के बाद करना
उम्र का तक़ाज़ा, या फिर कोई नादानी?
हवा का रुख़, बहुत हो गया तूफ़ानी

काँटों भरा गुलशन, जहाँ जाती है निगाह
प्यास नहीं बुझती, बढ़ती जाती ही चाह
बेचैनी चैनभरी, लुभा रही ये परेशानी
हवा का रुख़, बहुत हो गया तूफ़ानी

नये सफ़र का, अगला मकाम होगा क्या?
मासूम अहसास का, प्यारा नाम होगा क्या?
आशिकी, मोहब्बत, इश्क़? मालिक की मेहरबानी

हवा का रुख़, बहुत हो गया तूफ़ानी
देख तुझे झूम-झूम, झूमती जवानी
मेरे दिल की हालत, आजकल ऐसी है
क्या तेरे दिल की भी, यही कहानी?

सरेशाम...सरे-आम

सरेआम, सरेशाम! सब यार घेर लेते हैं
इक वो हैं, देख! मुँह फेर लेते हैं
घंटों बैठे रहते, सौग़ात ले उनकी ख़ातिर
ख़ूब सताकर ही, वो देर-सवेर लेते हैं

किसी जलसे में, अचानक मुलाक़ात जो हो
क़रीब आकर देखें, कुछ बात जो हो
तेवर सख़्त कर, आँखें तरेर लेते हैं
इक वो हैं, देख! मुँह फेर लेते हैं

मालूम होता कि धीरे-धीरे वो खुलेंगे
धीमी कोशिशों में ही, गहरे अहसास घुलेंगे
तब तक तसव्वुर में ही, ज़िक्र छेड़ लेते हैं
इक वो हैं, देख! मुँह फेर लेते हैं

बनाना चाहते हैं, हमसाया, हमनवाँ, हमदम
सुनाना चाहते हैं, प्यार की धुन-सरगम
बेपनाह मुरादों की तरन्नुम, बिखेर लेते हैं
इक वो हैं, देख! मुँह फेर लेते हैं

सब गँवाना ग़वारा, सब पीछे छोड़ के
जुनून कम नहीं, न हिम्मत तोड़ के
फ़िराक़ दिलाशनाई की! बड़े दिलेर लेते हैं
सरेआम, सरेशाम! सब यार घेर लेते हैं
इक वो हैं, देख! मुँह फेर लेते हैं

फिर इंतज़ार किया तेरा

आज फिर इंतज़ार किया, मैंने तेरा
ज़िन्दगी के अँधेरे का, होता नहीं सवेरा
इस क़दर मिलके बिछड़े, खो ही गए
जुदाई के आलम ने, कुछ ऐसे है घेरा

डूबते को तिनके का, सहारा दे दो
भटकती कश्ती को, अब किनारा दे दो
सफ़ीना डुबा न दे, ये लहरों का थपेड़ा
ज़िन्दगी के अँधेरे का, होता नहीं सवेरा

आसरा न मिला, फिर रहा मारा-मारा
सदा तो सुनो! कई बार है पुकारा
तुम्हारे सिवा, कोई भी तो नहीं मेरा!
ज़िन्दगी के अँधेरे का, होता नहीं सवेरा

धुँधलाती उम्मीदों की, तुम रोशनी बन जाओ
बड़ा बीमार है दिल, कुछ तो बहलाओ
साँसें छीन न ले कहीं, मौत का लुटेरा
ज़िन्दगी के अँधेरे का, होता नहीं सवेरा

जाएँ कहाँ! ऐसी कोई महफ़िल तो हो
शिरक़त करें, पर तू शामिल तो हो
रुकेंगे तभी! तेरा ज़िक्र किसी ने छेड़ा

आज फिर इंतज़ार किया, मैंने तेरा
ज़िन्दगी के अँधेरे का, होता नहीं सवेरा
इस क़दर मिलके बिछड़े, खो ही गए
जुदाई के आलम ने, कुछ ऐसे है घेरा

तेरी चाह में

मिट रहा हूँ, तेरी चाह में
ख़ुशी बदल गई है, आह में
ज़माने ने तो, ठुकरा दिया है
वापस आया हूँ, तेरी पनाह में

हर पल गुमसुम, खोया रहता था
कसक बड़ी, चुपचाप ही सहता था
वीरानी हर तरफ़, ज़िन्दगी स्याह में
वापस आया हूँ, तेरी पनाह में

ख़िज़ां ही ख़िज़ां, जीवन मनहूस था
तड़प हमेशा, होता दर्द महसूस था
काँटे ही काँटे, दूर तक निगाह में
वापस आया हूँ, तेरी पनाह में

हमराज़ कोई मिले, बाँट ले ग़म
एक तो हो, साथी इस जनम
जगमगा दे लौ, नसीब स्याह में
वापस आया हूँ, तेरी पनाह में

तुमसे मिला, मेरी ज़िन्दगी बदल गई
दबी हुई मुद्दत से, हसरत मचल गई
रौशनी भरपूर! ज़िन्दगी की राह में

मिट रहा हूँ, तेरी चाह में
ख़ुशी बदल गई है, आह में
ज़माने ने तो, ठुकरा दिया है
वापस आया हूँ, तेरी पनाह में

तुझे बस एक नज़र

देखना चाहता हूँ, तुझे बस एक नज़र
मेरी बेताबी! तुझे कुछ नहीं ख़बर?
रोम-रोम में, बसी है तू मेरे
फिर भी ढूँढ़ता तुझे, शहर-शहर

चिराग़ तले अँधेरा, कैसे दूर हटाएँ?
दुहाई देते-देते, कहीं न मर जाएँ
क्यूँ छोड़ दिया भटकने को, दर-बदर
देखना चाहता हूँ तुझे, बस एक नज़र

चैन-क़रार, किया बेख़ुदी के हवाले
आहों में सिसकते ही रहते, मिटनेवाले
कब तलक देखोगे, ये ग़मज़दा मंज़र
देखना चाहता हूँ तुझे, बस एक नज़र

नींद नहीं, अंगारों पे बदलते करवटें
सुलझती ही नहीं, तक़दीर की सलवटें
कब तक तड़पता रहूँ! मैं इस क़दर
देखना चाहता हूँ तुझे, बस एक नज़र

बेपनाह घुटन का, क्या अंजाम होगा?
मिलोगे तुम? या क़िस्सा यूँ तमाम होगा
आग़ोश में तेरे, बिखरना है टूटकर

देखना चाहता हूँ, तुझे बस एक नज़र
मेरी बेताबी! तुझे कुछ नहीं ख़बर?
रोम-रोम में, बसी है तू मेरे
फिर भी ढूँढ़ता तुझे, शहर-शहर

हुस्न पर ग़ुरूर है

अदाएँ हुस्न के पास, तो ग़ुरूर है उन्हें
सच्चे आशिक़ को तड़पाना, मंज़ूर है उन्हें
बिजलियाँ वो गिराएँ, शोख़ अन्दाज़ कहलाता
वफ़ा पे हमारी, कहते-फ़ितूर है उन्हें

तौर-तरीक़ों में उनके, अल्हड़पन ख़ूब शरारत
कशिश है बला की, कैसे न हो मोहब्बत!
कमसिनी से जवानी! चढ़ा सुरूर है उन्हें
अदाएँ हुस्न के पास, तो ग़ुरूर है उन्हें

इस उमर में ऐसा होना, ताज्जुब नहीं
कभी तो नज़रें मिलाते! आते-जाते कहीं
दिखता नहीं! प्रेमी ग़मों से चूर है उन्हें
सच्चे आशिक़ को तड़पाना, मंज़ूर है उन्हें

भरोसा पूरा उन्हें, पीछे-पीछे ही आएगा
जिसकी ऐसी दीवानगी, और कहाँ जाएगा!
बन्दा बहुत ही लगता, मजबूर है उन्हें
सच्चे आशिक़ को तड़पाना, मंज़ूर है उन्हें

इन गुज़रते लमहों की, कई अनकही दास्तान
हमसफ़र बनेंगे वो, है अपनी उम्मीद जवान
नाज़नीं, गुलबदन! हम कहते हूर हैं उन्हें

अदाएँ हुस्न के पास, तो ग़ुरूर है उन्हें
सच्चे आशिक़ को तड़पाना, मंज़ूर है उन्हें
बिजलियाँ वो गिराएँ, शोख़ अन्दाज़ कहलाता
वफ़ा पे हमारी, कहते-फ़ितूर है उन्हें

दिल उदास है

आज आईं नहीं आप, दिल उदास है
कितना गहरा ये! प्यार का एहसास है

इतना सोच, हैं तसल्ली देते, ख़ुद को
इंतज़ार भी करना उनका, लगता ख़ास है

बिन आहट जो भागें, दरवाज़े पर हमेशा
सब पूछते, भला क्यूँ इतना बदहवास है!

इक बार जो ज़ुल्फ़ें, झटक देंगे वो
वादियाँ हो जाएँगी नम, ऐसा क़यास है

छूने का दिल करता, डर है छूने से
हुस्न मानो, शोलों में तपता गिलास है

इश्क़ में हो चुकी, हालत अजीबोग़रीब
वो हमसे दूर, दिल उनके पास है

शमा इश्क़ की रौशन, न बुझे कभी
वफ़ा को अपनी, हया की आस है

मिल जाएँ तो मिलें, ऐसे अन्दाज़ से
जैसे किसी तन से, लिपटता लिबास है

पहले झिझकता था, जिस ज़िक्रे उल्फ़त से
उसी ने बनाया, अब पूरा बिंदास है

दूर अँधेरे में...

दूर अँधेरे में देखा, चमकती चाँदनी थी
पास गया, तेरे रुख़सार की रौशनी थी
शुक्र है! दीदार-ए-यार हुआ वहीं
वरना! फ़ुरक़त में, जान पे आ बनी थी

बड़ा ही ख़ुशनुमा, मंज़र इस रात का
मौक़ा नायाब मिला, हसीन मुलाक़ात का
दिन में जब दिखे, भवें तनी-तनी थी
दूर अँधेरे में देखा, चमकती चाँदनी थी

चाँदनी रात में, मख़मली उनका बरताव
शबनमी फ़िज़ाओं में, बढ़ गया लगाव
दोपहर की तपिश में, लगती अनमनी थी
दूर अँधेरे में देखा, चमकती चाँदनी थी

पहली दफ़ा गुफ़्तगू, दूधिया उजाले में
बहुत कुछ बन्द था, मन के ताले में
आज खुले, पाया! बातों की धनी थी
दूर अँधेरे में देखा, चमकती चाँदनी थी

कहते-सुनते, समझते-वक़्त कट जाएगा
आशिक़ उनकी राहों में, पलकें रोज़ बिछाएगा
होगी नसीब कभी, छाँव जो घनी थी

दूर अँधेरे में देखा, चमकती चाँदनी थी
पास गया, तेरे रुख़सार की रौशनी थी
शुक्र है! दीदार-ए-यार हुआ वहीं
वरना! फ़ुरक़त में, जान पे आ बनी थी

सर्द रात में...

सन्नाटा छा जाता है, जब सर्द रात में
आग-सी लग जाती, सोए जज़्बात में
इक हद से ज़्यादा, नहीं होता बर्दाश्त
और कितना है फ़ासला! अपनी मुलाक़ात में

पलकें बार-बार मूँदते, नींद कहाँ आती!
राहत नहीं बिलकुल, ये चाँदनी भी सुलगाती
रातभर देखते ख़्वाब, ऐसे हालात में
और कितना है फ़ासला! अपनी मुलाक़ात में

पास दिखते सितारे, बड़े दूर हक़ीक़त में
सपने रोज़ सजाते, हम उनकी उल्फत में
उम्रे वफ़ा देना चाहते, उन्हें सौग़ात में
और कितना है फ़ासला! अपनी मुलाक़ात में

कसक ज़्यादा ही उभरती, स्याह वीराने में
ख़ुशियाँ कैसे पिरोयें! ग़म के तराने में
आँखों में रैना बीतती, ख़यालात में
और कितना है फ़ासला! अपनी मुलाक़ात में

उनकी नींद, मिले उनको, यही दुआ है
इस पाक ख़याल ने, रूह को छुआ है
भीग जाए साथ, कभी तो बरसात में

सन्नाटा छा जाता है, जब सर्द रात में
आग-सी लग जाती, सोये जज़्बात में
इक हद से ज़्यादा, नहीं होता बर्दाश्त
और कितना है फ़ासला! अपनी मुलाक़ात में

प्यार का रंग

इस प्यार का रंग, बड़ा अजीब है
वो हमसे दूर, दिल के क़रीब है
अधूरापन! ज़िन्दगी का ही दूसरा इक नाम
मौत से पहले, जन्नत कहाँ नसीब है!

कुछ बातों में, पता नहीं, किसका क़सूर?
बेसबब होता कोई, रंजोग़म से चूर?
अपना मन ही, अपने चैन का रक़ीब है

वो हमसे दूर, दिल के क़रीब है

अकेले चलने से, तकलीफ़देह थे रास्ते
हाथ चाहिए था, हाथ थामने के वास्ते
देख तबीयत सँभल गई, बेहतरीन हबीब है

वो हमसे दूर, दिल के क़रीब है

क़िस्मत से मिलते दिल, बजा हैं फ़रमाते
प्यार औऱ बढ़ता, जितना भी लुटाते!

पाए न ये नेमत, कितना ग़रीब है!
वो हमसे दूर, दिल के क़रीब है

हसीन जाल में, हम उलझते ही जाते
इक दफ़ा बढ़े क़दम, लौट नहीं पाते
हारकर, जीतने की, यही तरक़ीब है
वो हमसे दूर, दिल के क़रीब है

इस प्यार का रंग, बड़ा अजीब है
वो हमसे दूर, दिल के क़रीब है
अधूरापन! ज़िन्दगी का ही दूसरा इक नाम
मौत से पहले, जन्नत कहाँ नसीब है!

दूर जाते-जाते...

याद रखना ज़रूर, दूर जाते-जाते
गुज़रे न अरसा, लौटकर वापस आते
ग़ैरों को भी जुदाई, खलती है तुम्हारी
सोचते हैं, काश! तुम्हें दोस्त बना पाते

हर शख़्स कहाँ, इतना असर छोड़ता है!
कौन किसकी ख़ातिर, अपना घर छोड़ता है?
इक दुनिया लुटा ही, मनचाही दुनिया बसाते
सोचते हैं, काश! तुम्हें दोस्त बना पाते

मन को जीतें, या मन जीत जाएगा
तुम न लौटे! कैसे वक़्त बीत पाएगा
एक बार तो, प्यार से तुम मुस्कुराते
सोचते हैं, काश! तुम्हें दोस्त बना पाते

अकेलापन! शायद ही, किसी को रास आता
तन्हाई का सफ़र, ख़त्म न हो पाता
क्यूँ नहीं आकर, मंज़िल का पता बताते?
सोचते हैं, काश! तुम्हें दोस्त बना पाते

भूल इतनी कि, कहने से झिझके हम
इज़हार दूर, इशारा न कर सके हम
चाहा बेपनाह, बिलकुल न बना जताते
सोचते हैं, काश! तुम्हें दोस्त बना पाते

कहीं तुम्हें भी हमारी कमी, खलती हो
कभी तुम्हारी भी तमन्ना, मचलती हो
इक दफ़ा तो हाले दिल, हमें सुनाते
सोचते हैं, काश! तुम्हें दोस्त बना पाते

याद रखना ज़रूर, दूर जाते-जाते
गुज़रे न अरसा, लौटकर वापस आते
ग़ैरों को भी जुदाई, खलती है तुम्हारी
सोचते हैं, काश! तुम्हें दोस्त बना पाते

एहतराम...

आज फिर गुज़रे, पास से शाम को
क़बूल कर लिया, बेरुख़ी के इनाम को
रूठने, मानने की हदों से, आगे हम
कभी तो जलवाफ़रोश होंगे, एहतराम को

सच्चा प्यार यहाँ परखा जाता, कई बार
रंग लाता ही है, सब्र भरा इंतज़ार
गले लगा ही लेंगे, बेचैनी तमाम को
आज फिर गुज़रे, पास से शाम को

शायद उनकी भी, कोई मजबूरी होगी
रिवाज़-हसरतों में, थोड़ी दूरी होगी
फ़ासला होता बहुत, उन्वान और मुक़ाम को
आज फिर गुज़रे, पास से शाम को

बेवजह, थोड़े ही अहसास जगा था
अचानक क्यूँ! हमें ऐसा लगा था
उन ज़ुल्फ़ों तले, रुक जाएँ आराम को
आज फिर गुज़रे, पास से शाम को

हर दीदार से, परवान चढ़ती है उम्मीद
ज़्यादा क़रीब जाने पर, मशवरा मिलता मुफ़ीद
समझा करो! झुकी नज़रों के पैग़ाम को
आज फिर गुज़रे, पास से शाम को

क़बूल कर लिया, बेरुख़ी के इनाम को
रूठने, मानने की हदों से, आगे हैं हम
कभी तो जलवाफ़रोश होंगे, एहतराम को

कोई बेनज़ीर

कोई कहता है हसीन, कोई बेनज़ीर
तू बन चुकी, मेरे इश्क़ की तक़दीर
देखूँ भला कैसे! ख़ुदा की ये क़ुदरत
आँखों में बसी है, बस! तेरी तस्वीर

मन में तेरी यादों की, परत जमी है
सूने आँगन में, तेरी बड़ी कमी है
डोर लगन की, बनी प्रेम की ज़ंजीर
आँखों में बसी है, बस! तेरी तस्वीर

चाहत तेरी, उम्रभर का मेरे सरमाया
ज़ुल्फ़ें तेरी! तपते दिन में घनी छाया
सुकून ढूँढ़ता, दर-दर भटकता राहगीर
आँखों में बसी है, बस! तेरी तस्वीर

सफ़र ज़िन्दगी का, बनाना चाहता सुहाना
लम्हा-लम्हा, अब तेरे साथ ही बिताना
शबनमी लबों से मिटेगी, ग़म की लक़ीर
आँखों में बसी है, बस! तेरी तस्वीर

कभी होता ही है, अहसास एकबारगी
हद से ज़्यादा, बढ़ती जाती है दीवानगी
पलकें भी यूँ चुभती, मानो हो शमशीर

कोई कहता है हसीन, कोई बेनज़ीर
तू बन चुकी, मेरे इश्क़ की तक़दीर
देखूँ भला कैसे! ख़ुदा की ये क़ुदरत
आँखों में बसी है, बस! तेरी तस्वीर

कोई रहगुज़र

सदमे इतने लगे कि उबर न पाया
सुकून की तलाश, पूरी कर न पाया
जज़्बात! वो जो सीने में था मेरे
अफ़सोस! तेरे मन में उतर न पाया

था यूँ बँधा, निगाहों की डोर में
कोई नज़ारा देखूँ! ऐसी नज़र न पाया

खाई! राहे मोहब्बत में, कई-कई ठोकरें
नासूर बना ज़ख़्म, कभी भर न पाया

बिखर गया उनकी बेरुख़ी से, इस क़दर
की कितनी भी कोशिश! सँवर न पाया

इक-इक पल, सदियों पर भी भारी
कोई लम्हा, राहत से गुज़र न पाया

ख़ानाबदोश बना डाला, जुनून-ए-इश्क़ ने
ढूँढ़ने जो निकला, वापस! घर न पाया

शायद आसमानों में ही दास्तान बनी ये
इस दुनिया में, कहीं वो असर न पाया

कोई रहगुज़र हो, यादों से दूर ले जाये
ज़माने में ऐसी एक भी, डगर न पाया

इतनी तड़प! अहसास ही न रहा अब
जीना मौत से बदतर, पर मर न पाया

दीवारों के कान

आवाज़ धीमी! दीवारों के भी कान होते हैं
कोई सुन लेगा! ये सोच, परेशान होते हैं
ताक़ीद उनकी, ख़त लिखकर क्यूँ न भेजते!
हरफ़ों से जज़्बात, बेहतर बयान होते हैं

लोग जान गए तो, होगी बड़ी बदनामी
मिलते ही बिछड़ना पड़े, गवारा नहीं नाकामी
देख कमसिन समझदारी! हम हैरान होते हैं

कोई सुन लेगा! ये सोच, परेशान होते हैं

चिलमन की ओट से, देख पाएँ एक झलक
नसीब उनका साथ हो, छू लेंगे हम फ़लक
हुस्नवाले इतनी जल्दी, कहाँ मेहरबान होते हैं!

कोई सुन लेगा! ये सोच, परेशान होते हैं

पलकें जब भी खुलें, आरज़ू, उनका दीदार हो
दिल उनका भी ताउम्र, इतना ही बेक़रार हो
रिश्ते कहाँ! चंद दिनों के, मेहमान होते हैं

आवाज़ धीमी! दीवारों के भी कान होते हैं
कोई सुन लेगा! ये सोच, परेशान होते हैं
ताक़ीद उनकी, ख़त लिखकर क्यूँ न भेजते!
हरफ़ों से जज़्बात, बेहतर बयान होते हैं

बड़े मज़े में हैं वो...

बड़े मज़े में हैं वो, मज़ा करके किरकिरा
दिल उछाल देते, क़दमों में जो आ गिरा
चोट खाते-खाते, गहरा सदमा क्या लगा
प्यार के दीवाने को, सब समझने लगे सिरफिरा

उनकी जानिब जो चले, दुनिया ने दिये ताने
कहते—मजनूँ को, हैं दिन में तारे दिखाने
लैला की तलाश में, कितना मारा-मारा फिरा

बड़े मज़े में हैं वो, मज़ा करके किरकिरा

ऐसा नहीं कि वाक़िफ़ नहीं, हक़ीक़त से
निज़ात दिलाना ही नहीं चाहते, हमें मुसीबत से
छोड़ दिया भीड़ में अकेला, दुश्मनों से घिरा

बड़े मज़े में हैं वो, मज़ा करके किरकिरा

भीड़ भी आमादा, आशिक़ की संगसारी पर
रहम खाया ही नहीं, दिल की बीमारी पर
मानो किसी जानी दुश्मन से, हो जंग छिड़ा

बड़े मज़े में हैं वो, मज़ा करके किरकिरा

दिल की लगी को, क्यों दिल्लगी समझते हैं
हम ही बुरे क्या, बस हमसे उलझते हैं
बेवफ़ा नहीं, हमने तो थामा, एक ही सिरा

बड़े मज़े में हैं वो, मज़ा करके किरकिरा
दिल उछाल देते, जो क़दमों में आ गिरा
चोट खाते-खाते, गहरा सदमा क्या लगा
प्यार के दीवाने को, सब समझने लगे सिरफिरा

नज़ाकत से...

ये काम किया जाता है, पूरी नज़ाकत से
वो शै नहीं, जो हासिल होगी, ताक़त से
उनके हुज़ूर में, ज़रूरी बार-बार हाज़िरी लगाना
हुस्न रीझ सकता कभी, वफ़ा की शिद्दत से

सब कहेंगे, दिल लगाना, बड़ा बुरा होता है
पूछो-क्यूँ जूझते रहते हो, इस मुसीबत से?

वो सताएँ, तो नाज़-नखरे, अदा-कहलाते
फिर क्या चिढ़ है, हमारी लगन-चाहत से

किसी रोज़ बेवक़्त, घर के चक्कर क्या लगाये
सितम ढाते कहकर-बाज़ नहीं आते आदत से?

जो बिना इत्तला, छत पर नहीं आते
बड़े परेशान हो जाते हम, उनकी शरारत से

वो बेमिसाल हैं, ज़िद अपनी भी कमाल की
दो-चार होना बाक़ी, इक-दूजे की फ़ितरत से

ऊँचाई के रास्ते, टेढ़े-मेढ़े होते हैं लेकिन
सफ़र पूरा होता, शुरू हो जो हिम्मत से

मंज़िल मिलेगी, दिन-रात लगे रहने से 'महिवाल'
उल्फत होगी उन्हें एक दिन, तुम्हारी शख़्सियत से

वादा रहा...

मौत तो आनी है, एक दिन मर जाएँगे
वादा रहा, ज़िन्दगी तेरे नाम, कर जाएँगे

ज़माना लाख चाहे, मुझे सताता जाएगा
मेरे लबों पर, तेरा ही नाम आएगा
हम वो नहीं, सितम से डर जाएँगे

वादा रहा, ज़िन्दगी तेरे नाम, कर जाएँगे

मक़सद है, पास आना, मैं ज़रूर आऊँगा
चला गया, फिर सदा दे, वापस बुलाऊँगा
पूरा करेंगे वादा, नहीं तो गुज़र जाएँगे

वादा रहा, ज़िन्दगी तेरे नाम, कर जाएँगे

मैंने तो, तुझ से ही, प्यार किया है
पहली दफ़ा और आख़िरी बार किया है
बेवफ़ा नहीं जो, वादे से मुकर जाएँगे

मौत तो आनी है, एक दिन मर जाएँगे
वादा रहा, ज़िन्दगी तेरे नाम, कर जाएँगे

शिकस्त

अब इस तरह देंगे क्या! हमें वो शिकस्त
वार बेहोशी में, पिला के ज़ाम, मदमस्त
कहते! आँखों में आँखें डाल कर लड़ो
मँजे हुए बाज़ीगर हैं, रखी शर्त ज़बरदस्त

बिजलियाँ गिरा दिन-रात, ख़ूब किया घायल
दुश्मन भी ऐसे कातिल का, हो जाए कायल
कोई साथ नहीं अपने, शहर बना डाला दश्त

अब इस तरह देंगे क्या! हमें वो शिकस्त

हमने बीच में ज़रा रुकने की, गुज़ारिश की
तभी जलवों के शोलों की, ऐसी बारिश की
सँभलने कहाँ दिया! हुआ सारा हौसला पस्त

अब इस तरह देंगे क्या! हमें वो शिकस्त

लगता वो जंग के, उसूल नहीं मानते
जीत हर क़ीमत पर, बस इतना ही जानते,
नसीहत भी कैसी! दिल हाल रहना मस्त

अब इस तरह देंगे क्या! हमें वो शिकस्त
वार बेहोशी में, पिला के ज़ाम, मदमस्त
कहते! आँखों में आँखें डाल कर लड़ो
मँजे हुए बाज़ीगर दिखते, रखी शर्त ज़बरदस्त

ज़िन्दगी में बेसबब...

कई बातें होती रहतीं, ज़िन्दगी में बेसबब
वो बड़े जँच गए, क्यूँ? कैसे? कब?
मुआमला बातों-बातों में, ये शक्ल लेगा
न तब सोच पाए, न सूझता कुछ अब!

हमने भी इन लमहों में, क्या नहीं सहा
अक़ीदत का जज़्बा, ज़ाहिर बहुत हो रहा
उनसे जब-जब मिलता, दिखने लगते रब

वो बड़े जँच गए, क्यूँ? कैसे? कब?

अपना ये सफ़र शुरू, एकबारगी ही हुआ
पर मंज़िल जल्द मिले, माँगते यही दुआ
सीख रहे, दिल जीतने के, नये-नये ढब

उनसे जब हूँ मिलता, दिखने लगते रब

दरिया का मिलना समंदर में, सबको पता
फिर दूर जाकर, इतना क्यूँ रहे सता
ऐसा भी कहीं ढाते! अपनों पे ग़ज़ब?

वो बड़े जँच गए, क्यूँ? कैसे? कब?

जिस दिन अपना बनाएँगे, पूछेंगे ज़रूर
क्या वो भी तड़पे, हमसे रहकर दूर?
जो हाँ बोले वो, हिसाब पूरा होगा सब

कई बातें होती रहती, ज़िन्दगी में बेसबब
वो बड़े जँच गए, क्यूँ? कैसे? कब?
मामला बातों-बातों में, ये शक़ल लेगा
न तब सोच पाए, न सूझता कुछ अब!

काँटों का लिबास

जब देखो, दिखने लगा है, बदहवास-सा
परेशानी की वजह बताई, था बड़ा उदास-सा
"आजकल मन उचटता जा रहा, हर काम से
मीठा-मीठा दर्द, पहन काँटों का लिबास-सा"

ख़ुश होने पर भी, ख़ुशी होती ज़ाहिर नहीं
हाल ये छुप सके, इतना भी माहिर नहीं
लमहों में जीने का, मरने का अहसास-सा

मीठा-मीठा दर्द, पहन काँटों का लिबास-सा

हालत बिगड़ रही है, अभी उनवान पर
धड़कनें चलती तेज़, बनी है जान पर
हक़ीम न समझ रहे, मर्ज़ है ख़ास-सा

मीठा-मीठा दर्द, पहन काँटों का लिबास-सा

राय सब देते, कुछ भी कर, बाहर निकलो
तन-बदन झुलस जाएगा, इतना भी मत जलो
परवाना ख़ाक होता, आग में कपास-सा

मीठा-मीठा दर्द, पहन काँटों का लिबास-सा

जब देखो, दिखने लगा है, बदहवास-सा
परेशानी की वजह बताई, तो था उदास-सा
"आजकल मन उचटता जा रहा, हर काम से
मीठा-मीठा दर्द, पहन काँटों का लिबास-सा"

सितम

कुछ इस तरह उनका ख़ूब, सितम होता है
सुनने पर, क्या कहें! कितना ग़म होता है?
प्यार क्या शय है? पूरे महरूम नहीं हम
तुमसे करते कहाँ इश्क़, तुम्हें वहम होता है

अक्सर मिलने-जुलने से, ख़याल आता होगा
दूर जाकर देखो! अहसास कम होता है?

ग़ौर करना, फिर बताना-सपने आते कैसे-कैसे
नींद कभी-कभी टूटती, या हरदम होता है?

जिसने प्यार को इबादत समझ, हर पल जिया
उसका कहाँ कोई दूसरा धरम होता है!

ज़माना कितना भी चाहे, ज़ुल्म ढाता रहे
प्रेमी रोज़ाना मरते, नया जनम होता है

जो तड़प-तड़प सिसकते, महबूब पर न तरसे
उससे बड़ा संगदिल, कोई बेरहम होता है?

इन आँखों में, और कोई बसता ही नहीं
सच्चे आशिक़ों का, एक ही सनम होता है

एतराज़

अब सब्र नहीं होता, जताना ही होगा एतराज़
क्यूँ अनसुनी कर रहे, मेरी वो आवाज़

पहले कभी भी हमें तो भनक न लगी
पहली बार, कुछ नागवार गुज़रा है आज

दर पे पहुँचे कि दरवाजा बन्द कर लिया
लगा किसी बात पे हमसे है नाराज़

दस्तक दी! कोई और ही आए चौखट पे
कहा—उनसे मिलना मुश्किल, तबियत है नासाज़

आगे जा वापस पहुँचते कि कहते सुना
"हमने बुलाया नहीं! क्यूँ आया था आज"

लगा कि अर्श से फ़र्श पर आ गिरा
इतनी जल्दी बदल गया, कैसे उनका मिज़ाज?

अब, पल भर रुकना, मुमकिन कहाँ था?
काश! ताउम्र हमपे खुलता न ये राज़

ख़ुदगर्ज़ हुस्न के, और नाम क्या होंगे?
संगदिल, ज़ालिम, बेरहम, बेवफ़ा, मग़रूर, दग़ाबाज़

ख़ुशियों का ठिकाना

उस पल से, अपनी ख़ुशियों का, ठिकाना नहीं
जब माना उन्होंने, मुझसा कोई दीवाना नहीं
हम तो कब से, कोशिश किये जाते थे
उनकी ही बड़ी ज़िद! पास अभी आना नहीं

हौसला, जुनून, जज़्बात, वफ़ा-सब पुख़्ता
फिर क्या कमी थी! जो पहले पहचाना नहीं

होता बड़ा मुक़ाम हासिल, कई इम्तहान से गुज़र
मुँह के बल गिरा, जिसने ये जाना नहीं

साथ जिनके उम्र का साथ, बिताना हो आरज़ू
कौन भला चाहेगा! पहले पूरा आज़माना नहीं

निभाने का दम यहाँ, भरते हैं सभी लोग
निभा दे, भूलके भी उसकी चाहत ठुकराना नहीं

इक सपना सजाते, इक अरसा लगा हो
कौन चाहेगा, भला इसे हक़ीक़त बनाना नहीं

खिलते हैं हज़ारों फूल, पाक दामन में उनके
बहारों से दूर, किसी क़ीमत पे जाना नहीं

बड़ी भाग-दौड़ के बाद, जब मंज़िल मिलती हैं
लाज़मी हैं कौन गाएगा, जश्न का तराना नहीं

झिझक कम हुई है, खुलने की देर है
हसरत मुकम्मल, उनसे बढ़कर कोई ख़ज़ाना नहीं

अब जो अपनाए हो, छोड़ जाना नहीं
प्यार ख़ूब बरसाना, बिलकुल भी शरमाना नहीं

इनायत

अब जाके थोड़ी हुई, ख़ाकसार पे इनायत
हर सू भीनी ख़ुशबू, ख़ुमार पे इनायत
हमें अब दरकार, किसी चीज़ की नहीं
गुलनार ने की, मौसमे बहार पे इनायत

बेइंतहा कशिश पाई उनसे, हमने थोड़े में
सुकून ज़िन्दगी का, उन आँखों के जोड़े में
पलकें झुका की, दिले बीमार पे इनायत

हर सू भीनी ख़ुशबू, ख़ुमार पे इनायत

थोड़ा-थोड़ा करके, सब बड़ा बन जाता
बूँद-बूँद से ही, भरा घड़ा बन जाता
शबनमी लबों से, प्यासे यार पे इनायत

हर सू भीनी ख़ुशबू, ख़ुमार पे इनायत

कुछ लोग क्यूँ कहते, सारा जहाँ लेंगे
महबूब को छोड़, हम सहारा कहाँ लेंगे!
थोड़ी नहीं, वो पूरी करेंगे, प्यार पे इनायत

अब जाके थोड़ी हुई, ख़ाकसार पे इनायत
हर सू भीनी ख़ुशबू, ख़ुमार पे इनायत
हमें अब दरकार, किसी चीज़ की नहीं
गुलनार ने की, मौसमे बहार पे इनायत

शरारत

बड़े दिनों बाद, यूँ हमसे शरारत कर बैठे
हाथ हाथों में ले, इक चाहत कर बैठे
पूरी शिद्दत से, इसी तरह इंतज़ार करना
पिघलकर किसी दिन, दिल इनायत कर बैठे

दूसरों से सबक़ लेकर क्यूँ नहीं समझते?
ख़ामख़ाह इश्क़ में ऐसी हालत कर बैठे

चाहते हो क़दम बढ़ाना, क्यूँ हमारे साथ
क्यूँ अपनी तन्हाई से अदावत कर बैठे?

ख़ूब सुने! दूसरों से प्यार के क़िस्से
ठीक से सीखे नहीं? जहालत कर बैठे

हम जो जो कहते, तुम सुनते रहते
कुछ भी न सुनाते! क्या आदत कर बैठे?

कहाँ ख़ुदा को भी याद न करते थे
काफ़िर बन, इंसां की इबादत कर बैठे?

दोस्ती और प्यार में, फ़र्क़ है कितना!
ये जाने बिना, क्या हिमाक़त कर बैठे

हमने तो बस ज़िक्र ही छेड़ा था इसका
नासमझ हो! तुम सच में मोहब्बत कर बैठे

प्यार भरी तेरी छुअन

प्यार से भरी, तेरी एक छुअन
दे देगी मुझे, फिर से नया जीवन

देर तक भटका मैं, तेरी तलाश में
देर से समझा मैं, तू थी पास में
पाकर तुझे, खिलेगा, मन का गुलशन

प्यार से भरी, तेरी एक छुअन
दे देगी मुझे, फिर से नया जीवन

प्यार करने का तो सबको है हक़
फिर भी क्यों तुझे, मुझपे है शक
इम्तिहान दे देगा, मेरे प्यार का बंधन

प्यार से भरी, तेरी एक छुअन
दे देगी मुझे, फिर से नया जीवन

कब तक कर सकोगी, मुझे नज़रअन्दाज़
पत्थरों में भी, जान फूँकेगी मेरी आवाज़
साथ-साथ दोहराएगा, ये बात वो गगन

प्यार से भरी, तेरी एक छुअन
दे देगी मुझे, फिर से नया जीवन

इसी एतबार पर...

जी रहा हूँ बस! इसी एतबार पर,
एक दिन मिट सकूँगा, अपने प्यार पर

अपनी सच्चाई का कितना करूँ दावा
शय रूहानी, करना ही क्या दिखाना
सब कुछ भुला दूँगा, तेरे इक़रार पर

जी रहा हूँ बस! इसी एतबार पर

कह सकता हूँ मैं, यकीनी तौर पर
मेरा दिल न जाएगा, किसी और पर
कर लो भरोसा, प्रेमी बेक़रार पर

जी रहा हूँ बस इसी एतबार पर

तुझको देखने से पहले, नज़ारों में कमी थी
मेरी ख़ानाबदोश निगाहें, तुझपे जमी थीं
वक़्त हँस रहा था मेरे इंतज़ार पर

जी रहा हूँ बस! इसी एतबार पर
एक दिन मिट सकूँगा, मैं अपने प्यार पर

नज़रों को क्या समझाऊँ?

दिल तो मान गया, नज़रों को क्या समझाऊँ
मुमकिन हैं याद में, तड़प तड़प मिट जाऊँ

उलफ़त के जाल में, इस क़दर उलझा हूँ
समझ नहीं पाता! अब कैसे निकल पाऊँ

ठिकाना बस! तेरे पहलू में पनाह है
छूटा हुआ दामन, अब कहाँ से लाऊँ!

मन मेरा वजूद से, कहीं बाहर है
भटके को भला कैसे? अब राह दिखाऊँ

मुसीबत में सभी, साथ छोड़ जाते हैं
अब किसे भला! अपना हमदर्द बताऊँ

आग लगी हो अन्दर, जलन दिखती नहीं
दिल की लगी को, किस तरह बुझाऊँ

सारा ग़म तो, मुस्कुरा के भूल गया
नामुमकिन है अब, तेरी याद को भुलाऊँ

दीवाने अश्क़ नहीं छलकाते

दीवाने अश्क़ नहीं छलकाते, पी लेते हैं
प्यार भरी ज़िन्दगी के लिए, जी लेते हैं

फ़ुरसत है किसे! उनकी बातें सुनने की
संग बैठ, प्रेम के धागे बुनने की

दर्द बयान नहीं, होंठ सी लेते हैं
प्यार की ज़िन्दगी की ख़ातिर, जी लेते हैं

ज़माने में प्यार कहाँ! जानते हैं वो
फिर भी जाँ से बढ़कर, मानते हैं वो

मरहम न मिले, तो ज़ख़्म ही लेते हैं
दीवाने अश्क़ नहीं छलकाते, पी लेते हैं

क्या करें समेट! जब यहाँ नहीं रहना है
सितम उनका हर क़दम पर, सहना है

ख़ुशी अपनी दे, ग़म बाक़ी लेते हैं

प्यार की ज़िन्दगी की ख़ातिर, जी लेते हैं
दीवाने अश्क़ नहीं छलकाते, पी लेते हैं

दीवाने को सँभाल लो...

अब तो आकर, दीवाने को सँभाल लो
ग़म के दरिया में, बहते को निकाल लो

मेरे दर्द से भले ही नहीं, तुझे मतलब है
मुझे तो तेरी दिल्लगी भी, ग़ौरतलब है

सूने मन-दर्पण में, आँखें डाल लो

ग़म के दरिया में, बहते को निकाल लो

जब कभी आता हूँ, मैं पास में
इल्म होता कि था तेरी आग़ोश में

इस एहसास को, मन में तुम पाल लो
ग़म के दरिया में, बहते को निकाल लो

मेरी हर धड़कन पर, तुम्हारा राज है
महज़ दिखावा नहीं, मेरे दिल की आवाज़ है

कभी तो मेरे बेचैन दिल का, हाल लो
ग़म के दरिया में, डूबते को निकाल लो

जान लेने पर आख़िर क्यों हो आमादा?
अब समझा दो न! क्या है इरादा
तुम्हारे इनकार पर, प्यार का सवाल लो

अब तो आकर, दीवाने को सँभाल लो
ग़म के दरिया में, बहते को निकाल लो

मलाल

दोराहे पर ला छोड़ा, इसका है मलाल
आकर देख! तेरे बिन क्या है हाल!

इस दिल को नहीं मिला, इसका राज़दार
चाहता है तड़पता दिल, बस तेरा दीदार
तुझे देखे बिन, हो गया कई साल है
दोराहे पर ला छोड़ा, इसका है मलाल

बीच भँवर में, फँस गया दिल यहाँ
पूछे है महबूब कहाँ, मेरा महबूब कहाँ
डूबते दिल से उठता, अक्सर एक सवाल

दोराहे पर ला छोड़ा, इसका है मलाल

इस बुझती लौ के, होती जब तू पास
जिसे तेरे आँखों के, जाम की है प्यास
तूने ज़ख़्म दिया, वो अब तक है लाल

दोराहे पर ला छोड़ा, इसका है मलाल
आकर देख, तेरे बिन क्या है हाल!

गीत लिखता हूँ...

गीत लिखता हूँ, सबके गाने के लिए
दर्द को पन्नों में, छिपाने के लिए

इतना और दर्द मैं कैसे सह सकता?
बहुत था, पहले ही तड़पाने के लिए

कोई सबब न, दुनिया के सितम का
कोशिश नाकाम, सितमगार से बचाने के लिए

और कोई ठिकाना नहीं बचा, अपने लिए
एक शमा चाहिए बस! परवाने के लिए

चली जाने पर लौटती कहाँ इज़्ज़त?
जीते रहते, शर्मिंदगी उठाने के लिए

धन दौलत तो कमाते सब ख़ुद के लिए
ये चीज़ नहीं साथ ले जाने के लिए

मैं भी जिया, अब तक ख़ुद में खोकर
अब तो जीना है, सारे ज़माने के लिए

वफ़ा का इनाम

ज़हर माँगा नहीं हमने कि जाम दे दिया
हमारी वफ़ा का उसने, ये इनाम दे दिया
जीना चाहते हैं पर, क्या करें अब
मार ही डाला, बेवफ़ा नाम दे दिया

तड़प जाती है रूह उन्हें याद करके
जिन आँखों से रुख़सत का, पैग़ाम दे दिया

हमसफ़र बनाने का दम भर, छोड़ दिया साथ
साथी बनाने को हमें ग़म तमाम दे दिया

महल में उनके शीशा टूटे, और यहाँ दिल
शीशे से दिल को ही, इल्ज़ाम दे दिया

तुम भी अब कुछ न चाहोगे महिवाल
उन्हें दुआएँ देने का मन ने काम दे दिया

फिर उसी मोड़ पर...

दिखाई देते हैं कम, अब वो आते-जाते
हम हैं! सपने दीदार के, रोज़ सजाते

जब भी उकेरने लगते, जज़्बात की रेत पर
लहरें ले जाती हैं, सारे अरमान मिटाते

एक सपना देखा, मुड़के इक मोड़ पर
नज़रें मिलते, वो निकल गए, नज़रें चुराते

सपनों में, उसी मोड़ पर रुके रहे हम
किसी दिन, जाने-अनजाने ही उनसे टकराते

शायद सपने में भी भनक लग गई हो
तभी तो उनको बिलकुल नहीं देख पाते,

फिर हमने मोड़ पे रुकने से मुँह मोड़ा
वो सपने मे भी शायद यहाँ न आते

मिलने की रही, सही उम्मीद, ख़त्म हो रही
सपने में भी सब्र को, बेहद वो आज़माते

इत्तफ़ाक़न इक रोज़ उस मोड़ से क्या गुज़रे
देखा उन्हें उसी मोड़ पे इठलाते इतराते

तरक़ीब थी ये उनकी, हमसे दूर जाने की
हम ही सपनों में थे, ख़ुद को बहलाते

घबराहट में पल में पलकें जो खुलीं
देखा! सामने ही थे हुज़ूर, सकुचाते-शरमाते

प्यार में आपके...

सब कुछ लुटाया है, प्यार में आपके
ख़ुद को गँवाया है, प्यार में आपके
जिस दर्द को सहना, गवारा न आप को
दिल में गहरा बसाया है, प्यार में आपके

अगर कोई आपको बहुत चाहता है सनम,
हमारे लिए नहीं वो, फ़रिश्ते से है कम
ये एहसास पाया है, प्यार में आपके

कभी आप हमारी गली आएँ, न आएँ
जिस आईने में आप हमेशा बस जाएँ
मन को आईना बनाया है, प्यार में आपके

मुझे चाहे ही, ये मैं नहीं कहता
मन में मेरे पर, कोई नहीं रहता
आप को छुपाया है, प्यार में आपके

सब कुछ लुटाया है, प्यार में आपके
ख़ुद को गँवाया है, प्यार में आपके
जिस दर्द को सहना, गवारा न आप को
दिल में गहरा बसाया है, प्यार में आपके

वो आलम साथ गुज़ारा...

वो आलम भी हमने, साथ ही गुज़ारा था
जब एक-दूसरे के, प्यार का सहारा था
जिसे आँखों-आँखों में, समझ लेते थे हम
कुछ नहीं, तेरी आँखों का ही इशारा था

कैसे भूलूँ! उन पथरीले रास्तों को मैं
कंकड़ मार के तुमने, मुझे वहाँ पुकारा था

आज हमें देखना भी न चाहते हो तुम?
कभी हम पर जान लुटाना, तुम्हें भी गवारा था

गए हो इस तरह, मानो लौटना ही नहीं
हमने तो तुम्हें, अपने दिल में उतारा था

इक उदास तारा, कभी मुस्कुराता ही नहीं
शायद वो मेरी, गर्दिशों का सितारा था

ऐसा तो इरादा न था...

दिल न तोड़ेंगे, ऐसा तो इरादा न था
ग़म की राहों में, साथ का वादा न था
महबूब ने ये कहा, तसल्ली मिल गई
दिल टूटने का अफ़सोस, ज़्यादा न था

इश्क़ की किताबों में, क़िस्से वफ़ा के बड़े
बेवफ़ाई का पन्ना भी, पर सादा न था

आज़माए बिना ही घबराकर, मुँह मोड़ लिया
मैं क्या कर गुज़रने को, आमादा ना था!

अमीरी आपको तो पसंद थी बहुत ज़्यादा
नज़रों में हमसे बड़ा, शहजादा ना था

इश्क़ का जनाज़ा, ख़ुद ही ढोता है महिवाल
चलो! ये बोझ, दूसरे ने, लादा न था

एक काम करना चाहे हैं

कुछ करें न करें, एक काम करना चाहे हैं
आपकी गोद में सर रख, हम मरना चाहे हैं
समा चुके हैं आप, दिल में हमारे
हम भी आपके दिल में, उतरना चाहे हैं

पहुँच सके न जहाँ, फ़रहाद, मजनूँ, रांझा
इश्क़ में, उस मक़ाम से, गुज़रना चाहे हैं

ख़ुदा के बाद, जो किसी से हम डरें
आपकी नाराज़गी से ही बस! डरना चाहे हैं

इक बार टूटकर, सँवरने की है हसरत
आपके क़दमों में ही, बिखरना चाहे हैं

हमारे दिल के क़ायनात की नूर, आप हैं
इसके नूर की ख़ातिर, हम उजड़ना चाहे हैं

इक बर्क़-सी लहराएगी, जिस्मोजान में कहीं
छूने के अहसास से हम, सिहरना चाहे हैं

राह

किस बेवकूफ़ ने कहा था! ढकने को
पर्दा तो होता ही है, सरकने को
चाँद भले न निकले, मुद्दतों बाद भी
चकोर बैठा ही रहता, राह तकने को

शायर को शायरी से, किस क़दर होवे प्यार!
आसान नहीं, ज़ुबाँ से बयान कर सकने को

ये जज़्बात, आपके भी सीने में दफ़्न होंगे
सबका एक-सा ही दिल है, धड़कने को

हमारी आशिकी से रश्क़ हैं, इस पर्दे को
मजबूर कर देता है, लहराकर बहकने को

वो इक नज़र देख लेंगे, नज़रें बचाकर
बस! देर है अपनी, पलकें झपकने को

बला की लौ है, इश्क़ की शमा में
वफ़ा की आँच तो दो, भड़कने को

तुम्हारी हर गुस्ताख़ी मुआफ हो जाएगी 'महिवाल'
एक फूल लगा दो! जूड़े में महकने को

महारत

सब पूछते! किस फ़न में महारत है हासिल?
हमने तो की, उनकी मोहब्बत है हासिल!
रंगीनियों में ज़िन्दगी की, इज़ाफ़ा हो रहा रोज़
बाकरम ख़ुदा, हमें रंगीन तबियत है हासिल

होती सबको, मय की प्यास ज़माने में
हुआ हमें, उन आँखों का जाम है हासिल

तरसते कई, प्यार की दो बूँदें मिल जाएँ
हमें तो मदहोश आशिक़ का नाम है हासिल

ये बदनसीबी उनकी, तंगदिल हैं जियादा
नेमते इश्क़ छोड़, हर मिल्कियत है हासिल

बढ़ती ही जाती, जितनी हैं लुटाये जाते
वफ़ा के आसमान की, हुकूमत है हासिल

अब न कोई शिकवा-गिला हमें ज़िन्दगी से
दोनों जहाँ की, हुई हर ख़ुशी है हासिल

क्या सौग़ात मिलेगी और, इस मुक़ाम पे
हमें तो उनकी, नायाब मोहब्बत है हासिल

तेरी मोहब्बत में

कुछ तो बात है सनम, मोहब्बत में तेरी
तन्हाई का हर लम्हा, ये याद दिलाता है
अब बता दे, मरीज़े इश्क़ का इलाज
या बता, ख़ुद को कोई, कैसे मिटाता है?

हर दर्द भूला, प्यार के मीठे दर्द में
दिल नहीं मानता—हुस्न इश्क़ को तड़पाता है

ये सब समझाते कि उसको भूल जाओ
भला ख़ुद को भी कोई भुला पाता है?

कहता है ज़माना—क्यूँ डूबे इश्क़ में उनके
मानो न मानो! प्यार अच्छे अच्छों को डुबाता है

बदन की ख़ुशबू तेरी, महसूस होती पल-पल
वो मीठा आलिंगन, हर पल याद आता है

आलमे जुदाई ने, शोला-ए-मोहब्बत को हवा दी
जितना बुझाना चाहो, और भड़कता जाता है

ग़र पा न सका जीते जी, देखेंगे सब
कैसे ये आशिक़, मैयत को भी ठुकराता है

सर्दी सावन की

मौसम बड़ा गर्म, थे पसीने से तर बतर
चाहत बड़ी ठंड की, न एक बूँद मयस्सर
बेसाख़्ता बाहर निकल गए, ज़ुल्फ़ें लहराते
घटा छाने लगी, वो मुड़ते थे जिधर

शक था कि बादल अभी बरसेंगे नहीं,
घूम आते हैं, थोड़ा दूर तक जाकर

चंद पलों में मिज़ाजे मौसम, यूँ गया बदल
वो भीग गए पूरा, आया सावन झूम कर

गीले हुए बाहर से, फिर तो लगे सिहरने
गुस्ताख़ सर्दी ने, बड़ी जल्दी, किया वो असर

छतरी न थी साथ, न आसरा कुछ और
झड़ी बारिश की, जहाँ तक जाती थी नज़र

नाज़ुक इतने कि तुरन्त ही जुकाम हो गया
काँपते-थरथराते, किसी तरह पहुँचे फिर घर

हिदायत मिली-बरसात में एहतियात बरतने की
पूरी तैयारी से जाना, रहे न कोई कसर

गुस्ताख़ी

समझा नहीं, क्यूँ था पड़ा, माथे पर बल
गुस्ताख़ी हमसे हुई क्या, आज या कल
सहमे-सहमे खड़े थे, बोले वो अचानक
"बिना मिले हमसे आप! कैसे गए निकल?"

सोच में पड़ा कि उन्हें क्या हो गया!
पहले कभी देखा नहीं, ये रंग है नया
ग़ौर से देखने लगे, उनकी हम शकल

समझा नहीं, क्यूँ था पड़ा, माथे पर बल

कई बार ऐसा हुआ, टोके नहीं तब तो
हम रुकना बहुत चाहे, रोके नहीं तब तो
फिर वजह क्या हुई, जो इतने गए बदल!

समझा नहीं, क्यूँ था पड़ा, माथे पर बल

पूछ लिया हिम्मत कर-नाराज़ हैं क्या
हक़ जताने के, नये अन्दाज़ हैं क्या
क्या उनके भी दिल के अरमान रहे मचल?

समझा नहीं, क्यूँ था पड़ा, माथे पर बल

ख़ामोश रहे नज़रें झुकाए, ख़ुद में सिमटते
उनके भी दिन-रात, मुश्किल से अब कटते
तब समझे! वो भी हमें चाहते, पल-पल

समझा नहीं, क्यूँ था पड़ा, माथे पर बल
गुस्ताख़ी हमसे हुई क्या, आज या कल
सहमे-सहमे खड़े थे, बोले वो अचानक
"बिना मिले हमसे आप! कैसे गए निकल?"

दिले बीमार

रातों की नींद क़ुर्बान, सहरे प्यार की ख़ातिर
राहों में पलकें बिछाएँगे, इंतज़ार की ख़ातिर
लोग कहते सब्र का नतीज़ा, बेहतर होता
पलकें मूँदे रहेंगे, उनके दीदार की ख़ातिर

मिलते ही, कई रंग उतरेंगे, उन आँखों में
हया का रंग माँगेंगे, दिले बीमार की ख़ातिर

रंगे हया की क़ीमत, चुकाने की ठानी हैं
दो जहाँ की वफ़ा लुटाएँगे, गुलनार की ख़ातिर

मौक़ा-ए-माकूल देख, मन टटोलेंगे उनका
मर्ज़ी पे बात ठहरेगी, इकरार की ख़ातिर

इनकार से घबराएँगे, सोचना भी कुफ्र है
कोशिश ज़ारी रखेंगे, इज़हार की ख़ातिर

मुक़द्दर बदलेगा, हम मचलेंगे, इज़हार से उनके
पूरी जागीर लुटा देंगे, संसार की ख़ातिर

दे तोहफ़ा ए क़रार, इब्तिदा पे 'महिवाल'
माँग लेना साथ उनका, रूहे बेक़रार की ख़ातिर

दिलक़श अदा

बड़ी दिलक़श अदा है, गिले-शिकवे जताने में
बिल्लौरी आँखें फैला, हम पर ग़ुस्सा दिखाने में

ख़ुशामद, ज़िद, इल्तजा-हम क्या बताएँ और
कई अहसास जी लिये, रूठा यार मनाने में

इस नोक-झोंक से, चाहत परवान ही चढ़ेगी
तसल्ली तभी होगी, पहलू में टूट जाने में

हम क्या करें, दिल बारहा, मचल ही जाता है
बड़ी मशक़्क़त करते हैं, इसे समझाने में

ये पहला प्यार ही है, देखते ही उनको
ज़रा भी वक़्त न लगा, अपना बताने में

सज़दे में सनम के, सर झुकाते ही 'महिवाल'
कोई क़सर कहाँ छोड़ी, उन्हें ख़ुदा बनाने में

शोख़ तितली

शोख़ तितली के मानिंद तेरी चाल है
बहारों की सुर्ख़ी से, होंठ लाल लाल है
अदाएँ गिराती हैं, हमपे कितनी बिजलियाँ
जल के जी उठते, वल्लाह! कमाल है

अगली बरसात में, हम साथ-साथ भीगेंगे
इसी सोच में गुज़रता अपना हर साल है

वो पूछते, ख़ूब दौलत क्यों न कमाते!
ये ख़ाकसार जागीरे वफ़ा से मालामाल है

देर होने से, जान साँसत में आती
वो दूर-दूर रहते, इसका मलाल है

करके बदहाली हमारी पूछते हैं वो
क्यों कर रखा दीवानों सा हाल है?

बात शुरू की हैं, बात मान भी लेंगी
चंद अल्फ़ाज़, चंद लम्हों का सवाल है

झील में ज्यों, मौजें समाई हैं
वो भी डूबेंगी! दिल-ए-महिवाल है

सर्द बिस्तर पर

सर्द बिस्तर पर, शोला मचलते देखा
कल रात, उन्हें करवटें बदलते देखा
साँसों का, उठना-गिरना-गिरना-उठना
लहरों को तूफ़ानों पे, लरजते-फिसलते देखा

बेइरादा चले गए थे, उनकी ख़ाबगाह में
इत्तफ़ाक़न वो कैद, नींद की पनाह में
क़दम ठिठक गए, जो चिलमन हिलते देखा
सर्द बिस्तर पर, शोला मचलते देखा

झिझक रहे थे, कहीं ख़लल ना पड़े
नींद न खुल जाए, चुप ही थे खड़े
यकायक उन्हें, मूँदी पलकें, मलते देखा
सर्द बिस्तर पर, शोला मचलते देखा

आँच कमसिन हुस्न की, लपटों से जियादा
मानेगा कौन, ग़र किया सुनाने का इरादा
हमने सर्दियों में बर्फ़ को पिघलते देखा

सर्द बिस्तर पर, शोला मचलते देखा

इस शर्त पर गए, दबे पाँव निकल
किसी दिन आकर बिताएँगे, फ़ुर्सत के पल
तसव्वुर की बिसात पर, बाज़ी चलते देखा

सर्द बिस्तर पर, कभी शोला मचलते देखा
कल रात, उन्हें करवटें बदलते देखा

यादगार शाम

ये यादगार शाम, हम हो रहे रू-ब-रू,
चलता रहे कारवाँ, जो हो रहा शुरू
हम समेट तो लें, ये ख़ुशियाँ दामन में
कुछ आप सँवार लें, कुछ मैं सजा दूँ

सुना है कि मौसम, ख़ुश्क आनेवाला है
ख़िज़ां की दस्तक़, चमन लुट जानेवाला है
सोचता हूँ, उनकी माँग में, कलियाँ खिला दूँ

अब कौन, किससे, कितना-रूठा रहेगा
इस सरफ़रोशी को भला कौन, झूठा कहेगा
सामने तो आएँ, पल में सर झुका दूँ

कभी ख़ुशी-कभी ग़म, सबकी क़िस्मत में
दो जहाँ के सपने शामिल, मेरी तबियत में
वो होंगी मेरी, उनसे ही शर्त लगा दूँ

इससे पहले कि लोग सरगोशी करने लगें
बदलते हालात, हमसे अहसानफ़रामोशी करने लगें
हमेशा को उन्हें क्यों न, अपना बना लूँ

ये यादगार शाम, हम हो रहे रू-ब-रू,
चलता रहे कारवाँ, जो हो रहा शुरू
हम समेट तो लें, ये ख़ुशियाँ दामन में
कुछ आप सँवार लें, कुछ मैं सजा दूँ

बेइंतिहाँ प्यार

खिलखिलाती हैं तो, कई फूल झड़ते
आँसू बहातीं तो, हज़ारों मोती गिरते
कभी गुमसुम हों, सहम-से जाते हम
लगता है उनसे, बेइंतहा प्यार करते

अपनी जन्नत, ज़ुल्फ़ों के पेचोख़म में
रोज़ाना उलझते, फिर वहीं से गुज़रते

कोई सपना सजाया नहीं! झूठ कैसे कहें
उनकी आँखों में, कभी मेहमान बन ठहरते!

मेरे रश्के क़मर, हूर हैं, नायाब हैं
चाँद की चाह में, हम भी जीते-मरते

इंतहा इम्तहान की, बात उनके शान की
हम ही उनके क़दमों में, टूट के बिखरते

चूड़ियाँ ख़ूब हैं फबतीं, उनकी कलाइयों में
पहनाना जो चाहते, फिर वो ख़ूब सिहरते

अब तक, ख़ौफ़े ख़ुदा से ही वाक़िफ़ थे,
वो न भूलें, गरचे इस बात से डरते

मिट जाने का जज़्ब

हमारे प्यार को, काँटों से घिरा फूल समझना
दुनिया कुचलना चाहे, तो उसकी भूल समझना
दिन में चाँद, रात को सूरज-देखते हैं
कोई न समझे, फ़र्क़ नहीं, तुम माक़ूल समझना

क्यों नहीं शान बढ़ाते, अंजुमन की आजकल!
हमें गवारा नहीं, दूसरे को, मक़बूल समझना

वसीयत में अपनी, सारी तकलीफ़ दे जाना
बाक़ी मिल्कियत, वास्ता न हमारा, फ़िज़ूल समझना

कहना जितना आसां, करना उतना ही मुश्किल
मिट जाने का जज़्बा, सबसे बड़ा उसूल समझना

दिमाग़ से जो करते, जन्नत की शै नहीं
दिल जो मिले, ठिकाना-ए-रसूल समझना

मुजस्सिम, दो-चार दिन, जो न दिखें तो
हमें तेरे ख़यालों में, बेख़ुद, मशगूल समझना

जनाज़े पे आशिक़ के, चादर चढ़ा दें वो
उम्र भर की वफ़ा का हिसाब, वसूल समझना

बिजली

पल में चमक के छिप गई, गोया बिजली
ज़ेहन को सुलगा गई, वो शबनमी कली
उस अक्स पर, रंगीन तहरीर बनाते हैं
फिर ढूँढ़ने जाएँगे, उनको गली-गली

तजुर्बा न हो तो, थोड़ा उलझ सकता है
जद्दोजहद से पर मसला, सुलझ सकता है
इब्तिदा पे लाज़मी है, हुस्न की बेदिली

पल में चमक के छिप गई, गोया बिजली
नये शख़्स पे, अचानक से, भरोसा करना
दश्त से अँधेरी रात में, अकेले गुज़रना
वफ़ा की शमा जला, दिखाएँगे अपनी बेकली

पल में चमक के छिप गई, गोया बिजली

कुछ पल पास जो बैठें, संजीदगी से
क़रीब होने लगेंगे वो, अपनी सादगी से
दूर से तो रोशनी भी, दिखती धुँधली

पल में चमक के छिप गई, गोया बिजली

नाज़ुक, कमसिन हुस्न का, थोड़ा पेचीदा माज़रा
मन की गिरह खुलेगी, वक्त चाहिए ज़रा
दुआ क़बूल होती, जो सच्चे दिल से निकली

पल में चमक के छिप गई, गोया बिजली
ज़ेहन को सुलगा गई, वो शबनमी कली
उस अक्स पर, रंगीन तहरीर बनाते हैं
फिर ढूँढ़ने जाएँगे, उनको गली-गली

इबादत

बेइरादा, गाफ़िल हो, की थी ये हिमाक़त
इल्म न था, खड़ी होगी, इतनी बड़ी मुसीबत
बिन बताए, आ क्या गए, उनके दर पे
तल्ख़ी से बोले—लेनी चाहिए न पहले इजाज़त!

सफ़ाई दी—खोए थे हुज़ूर के सपनों में ही
मर्ज़ ये कि नींद में है चलने की आदत

उनींदा सही, क़दम भटकते नहीं, कहीं और
फ़ख़्र कीजिए! हमने साबित तो की अपनी शराफ़त

आपके ख़याल, रूह में इस क़दर, जज़्ब हुए
काफ़िर थे, अब करते, दिन रात इबादत

सदमा न लगे दिल को, आपका मक़ाम है
ख़ुद से ज़्यादा, हम करते हैं इसकी हिफ़ाज़त

एक ग़लती तो, मालिक भी माफ़ करता है
क़सम से, फिर नहीं देंगे, मौक़ा-ए-शिकायत

इतनी इल्तजा पे भी, दिल पसीजा कहाँ!
दी शर्त पे माफ़ी, फिर न हो ऐसी जुरअत

हौसलों की उड़ान

चाहत की कितनी चाह, उन्हें बता के छोड़ेंगे
देखें! हमको कितना और सताके छोड़ेंगे!
इस दरज़े की संगदिली, पूरी दुनिया में
बस हमें बर्दाश्त, ये जता के छोड़ेंगे

ज़िद उनकी, जान मेरी, इस क़दर है ठनी
क़सूर किसका, क्या बिना ख़ता के छोड़ेंगे?

हौसलों की उड़ान! आख़िर कैसे हो बयाँ
उनकी पलकों पर, फ़लक झुका के छोड़ेंगे

वो फूल हैं, फिर फूल से क्या सजाना भला
राह में मोती, माँग में तारे, सजा के छोड़ेंगे

आजकल सपनों में, रोज़ ही मिलते वो
जल्द, उन्हें घर की रौनक, बना के छोड़ेंगे

इससे पहले—वो हमें छोड़ के जाने की सोचें
एतिमाद हैं, हम उन्हें अपना बना के छोड़ेंगे

सज़ा

कैसे दे सकते भला, मजबूर को सज़ा
मुनासिब है क्या देना, बेक़सूर को सज़ा
गुनाह उन आँखों का, तड़पता वजूद अपना
कुछ इस तरह मिली, हमारे ग़ुरूर को सज़ा

निगाहें दो-दो, अकेले ही क्या चार हुईं
मिलीं, फिर आप कहाँ हटाने को तैयार हुईं!
वफ़ा कैसे देती! हुस्ने मग़रूर को सज़ा
मुनासिब है क्या देना, बेक़सूर को सज़ा

ख़ुद को खो बैठे, गिरफ़्त में उन पलों की
इससे पहले कि आते ज़द में, ज़लज़लों की
नज़रें फिरा, दे दी, मेरे सुरूर को सज़ा
मुनासिब है क्या देना, बेक़सूर को सज़ा

करना ही था, होश में तो आने देते
पिलाया आँखों से, ख़ुमारी उतर जाने देते
अदालत भी कहाँ देती! नशे में चूर को सज़ा
मुनासिब है क्या देना, बेक़सूर को सज़ा

ज्यों ही तीरे निगाह, अन्दर किया पैवस्त,
ग़श खाके गिरे, हुआ अपना हौसला पस्त
बेरुख़ी के ख़ंजर, दे रहे नासूर को सज़ा
मुनासिब है क्या देना, बेक़सूर को सज़ा

उन्हें बिलकुल नहीं फ़िक्र, तो क्या हुआ
दोनों हाथ उठा, माँगते, बस ये दुआ
मिले न किसी ग़लती की, हुज़ूर को सज़ा

नज़रें नीचे-नीचे

शरमा के बैठे रहते यूँ, पल्लू खींचे खींचे
हम देखें, तो रखते फिर, नज़रें नीचे-नीचे
कुछ बात हमें भी, समझ में आने लगी
रस्ता किसका तकते वो! देख खुले दरीचे

क़ैद जो जज़्बात, मचल रहे निकलने को
चाँद-सा रुख़सार, रात कहाँ अब ढलने को
अहले सुबह से बैठे हम, आँखें मींचे-मींचे
हम देखें, तो रखते फिर, नज़रें नीचे-नीचे

गुमसुम, गुपचुप रहते वो, क्यूँ इतना ज़्यादा
सजने-सँवरने का, रखते ही नहीं इरादा
गरज उन लबों को, अपने ख़ूँ से सींचे
हम देखें, तो रखते फिर, नज़रें नीचे-नीचे

वक़्त सारा लिया, किया दोस्त-यारों से दूर
क्यूँकर चाहें हम जाना, इन बहारों से दूर
चमन उनके दर पे, आँगन में खिले बग़ीचे
हम देखें, तो रखते फिर, नज़रें नीचे-नीचे

यक़ीन हमें ख़ुद पर, वो जल्द जान लेंगी
सच्चे प्रेमी का आख़िर, कितना इम्तहान लेंगी
क़दमों में बिछा देंगे, दिल-जिगर बना गलीचे
हम देखें, तो रखते फिर, नज़रें नीचे-नीचे

मुलाक़ात के मौक़े

हम तो ढूँढ़ते ही रहते, मुलाक़ात के मौक़े
गाहे-बगाहे हमें मिलते रहें, साथ के मौक़े
बना लेंगे दोस्त, बस इतनी-सी शर्त
हाथ लगते रहें, मिलाने को हाथ के मौक़े

बनाने का सफ़र, दोस्त से दिलबर! दिलक़श
आँखों से पिला-पिला, बना ही डाला मैक़श
बात बदल बना देते, नशीली बात के मौक़े
गाहे-बगाहे हमें मिलते रहें, साथ के मौक़े

ये तनी-तनी भवें, चुभती आके मन में
बारिश की आस, सिसकता पपीहा गगन में
बन जाते ऐसे, तड़पते हालात के मौक़े
गाहे-बगाहे हमें मिलते रहें, साथ के मौक़े

हल्की मुस्कान उनकी, ख़ूब रुलाने के बाद
किया बुझाना शुरू, कई दिन जलाने के बाद
सुलगते घाव को चाहिए, शबनमी रात के मौक़े
गाहे-बगाहे हमें मिलते रहें, साथ के मौक़े

इस तरह ही तो अपनी, नज़दीकियाँ बढ़ेगी
तारीख़ के अर्श पे, उलफ़त परवान चढ़ेगी
और सजने लगेंगे, प्यार की बारात के मौक़े

गाहे-बगाहे हमें मिलते रहें, साथ के मौक़े
बना लेंगे दोस्त, बस इतनी-सी शर्त
हाथ लगते रहें, मिलाने को हाथ के मौक़े

मुग़ालते

मोती बिखर ही जाते हैं, सँभालते-सँभालते
भीगे गेसू जो वो, तबियत से उछालते
दो छींटे, जो क़िस्मत से, हमपे आ गिरे
पालने लगते, हम भी कैसे-कैसे मुग़ालते!

ज़ुल्फ़ों में उनकी, ग़र ये मोती रुक जाते
साया बनके नम, चेहरे पे मेरे झुक जाते
तन्हाई के तीर, तब इतना कहाँ सालते!
पालने लगते, हम भी कैसे-कैसे मुग़ालते!

नूरे आफ़ताब, मोतियों पे जो आ पड़ी
चमक इतनी कि रोशनी भी शरमा पड़ी
बन्द पलकों से ही, इक निगाह तो डालते
पालने लगते, हम भी कैसे-कैसे मुग़ालते!

चाहा कि टूटते मोती, रोक लें हथेली पे
क़ुदरत भी मुस्कुरा दी, कोशिश अलबेली पे
भला किस तरीक़े से, हम भी अरमां निकालते?
पालने लगते, हम भी कैसे-कैसे मुग़ालते!

ये नायाब मोती, फिर कहाँ से आएँगे
टूटे शीशे के टुकड़े, भला कैसे जुड़ पाएँगे
इन बुरे ख़यालों को, किसी तरह हम टालते

मोती बिख़र ही जाते हैं, सँभालते-सँभालते
भीगे गेसू जो वो, तबियत से उछालते
दो छींटे, जो क़िस्मत से, हमपे आ गिरे
पालने लगते, हम भी कैसे-कैसे मुग़ालते!

थोड़ा ठहर...

की थी बस! थोड़ा ठहर जाने की इल्तजा
जी बेचैन,ज़रा और बहलाने की इल्तजा
जो अपना बनाना, गवारा न हो फिर
मान लें मेरी, ख़ुद को मिटाने की इल्तजा

हाथ रखिए सीने पे, क़रीब से सुनिए
धड़कनें करती, आग़ोश में समाने की इल्तजा

सच्चे आशिक़ पर, नज़रे इनायत की बजाय
आप करने लगे, नज़रें हटाने की इल्तजा!

हर इल्तजा क़बूल हो, मुमकिन नहीं पर
हमने नहीं की, यूँ सताने की इल्तजा

दूर रहना हमसे, है क़ाबिले बर्दाश्त आपको?
हम तो हरदम करते, पास आने की इल्तजा

उनकी शिकायत, उनसे ही करने की सोची है
मानते कहाँ? हमारा क़रार लौटाने की इल्तजा

हमसे प्यार नहीं उन्हें, मान ही नहीं सकते
रोज़ सुनना चाहते बस! दीवाने की इल्तजा

मेरे मौला! बस ये इल्तजा, पूरी न करना
जो कर बैठें वो, हमें ठुकराने की इल्तजा

दिलचस्प मुआमला

लोग कहते, होता बहुत ही मुआमला दिलचस्प
फ़ुर्क़त के मारों को, मिलता सिला दिलचस्प
चंद लमहों की तन्हाई भी, भारी गुज़रती
मिलने पर, हैं जताते, शिकवा-गिला दिलचस्प

पूछता कोई—आने में बड़ी देर लगाई?
फ़िक्र ही नहीं मेरी, बड़े हो हरजाई!
दूसरे से, सुनिए! जवाब मिला दिलचस्प

बिलकुल न शक करिए, ख़ालिस है वफ़ा
भटके ढूँढ़ने में, आपके लिए अदद तोहफ़ा
ऐसी बातों से ही, बनता सिलसिला दिलचस्प

साफ़गोई इतनी कि तुरन्त ही यक़ीन हो
भरोसा एक-दूजे पे पक्का, बेहतरीन हो
सफ़र आगे का इस तरह, हो चला दिलचस्प

अफ़साना दिलक़श, जवाँ दिलों को लुभाता
पीछे आनेवालों को, ठीक से रास्ता दिखाता
इस तरह, बन जाता फिर, क़ाफ़िला दिलचस्प

लोग कहते, होता बहुत ही मामला दिलचस्प
फ़ुर्क़त के मारों को, मिलता सिला दिलचस्प
चंद लमहों की तन्हाई भी, भारी गुज़रती
मिलने पर, हैं जताते, शिकवा-गिला दिलचस्प

अधूरे जवाब

तालीम होगी नहीं पूरी, काग़ज़-किताब से
सवाल और खड़े होते, अधूरे जवाब से
शख़्सियत मुख़्तलिफ़, सबकी पसन्द अपनी-अपनी
मुतमइन कोई शेर से, कोई शराब से

ख़ुद को है समेट रखा, पीछे परदों के
अदावत हो गई अपनी, उनके हिज़ाब से

आग तो लग ही चुकी, जाने-अनजाने
बेशऊर नहीं, जो पानी डालें हिसाब से

ग़र आईना देखें वो, हमारी निगाह से
रश्क करने लगेंगे, अपने ही शबाब से

गुलबदन, गुलनार, गुले बुलबुल, गुलिस्ताँ! ये कहें?
वो तो बढ़कर हैं, फ़लक के माहताब से

रूख़े रोशन पे नूरे ख़ुदाई, क्या रंग लाई!
सूरत मिलने लगी है, चमकते आफ़ताब से

ज़माने को दिखाकर, पास क्या लाए उन्हें
सब जलने लगे ख़ूब, हमारे इंतख़ाब से

चाहे सपनों में ही, पर अपना बना लें
हम तो उठना न चाहेंगे, हसीन ख़ाब से

तसव्वुर-इश्क़

हसरत ज़्यादा ही मचलती, नये-नये प्यार में
ज़ुबान लड़खड़ाने ही लगती, तेज़ बुख़ार में
शराबी होने की तोहमत, कोई लगाए कैसे
बिन पिए सुरूर चढ़ता, इस ख़ुमार में

वो क़दम क्या रखे, क़दमे ख़िज़ाँ थम गए
मन-दर्पण खिलखिलाता, जन्नत दिखती, संसार में

मदहोशी छा जाती, जाने के बाद उनके
बेहोशी रहती देर तक, हर सू, बहार में

तसव्वुर इतना ही हम, हर पल देखें,
वो कभी तो देखते, चिलमन की आड़ में

कभी धड़कन महसूस करने, हाथ जो रख दें
जान फूँक देंगे, इस दिल-ए-बीमार में

अब तक, बस्र! फ़तह का ही मज़ा लिया
मन ख़ूब झूमता, आजकल जश्ने हार में

झुकी आँखें

आप लाख छुपाएँ, सब बता देती हैं आँखें
क्यूँ बात-बात पर, झुका लेती हैं आँखें
क्या-क्या सितम ढाती, पास होता हूँ जब
दूर जाते, अदा से, उठा लेती हैं आँखें

हया, वफ़ा, नशा-इन आँखों की अमानत
और भी कई रंग-जता लेती हैं आँखें

कभी पढ़ना चाहूँ, जो हैं आँखों में आपके
फिर नज़रों से मेरी, हटा देती हैं आँखें

मचल कर करूँ, आँखें मिलाने की गुस्ताख़ी
थोड़ी 'बेरुख़ी' से हमें, सता लेती हैं आँखें

कभी रूठना जो चाहूँ, तो रूठ न पाऊँ
रूठने से पहले ही, मना लेती हैं आँखें

दो रास्ते नज़र आते हैं, ये बातूनी आँखें
मंज़िल-ए-दिल का पता, देती हैं आँखें

कहीं और भी टिकाओ, अपनी आँखों को 'महिवाल'
तुम्हें तो ये, दीवाना बना देती हैं आँखें

बेहतर आसार

थोड़ा पास आने के आसार, बेहतर लग रहे
मन में समाने के आसार, बेहतर लग रहे
आजकल ख़ुद से होकर, हालचाल पूछ रहे हैं
तबियत सँभल जाने के आसार, बेहतर लग रहे

हम तो कब से, पाकीज़ा के दीदावर हैं
मजनूँ, फ़रहाद, राँझे! हम भी क़द्दावर हैं
इनामे वफ़ा पाने के आसार, बेहतर लग रहे
थोड़ा पास आने के आसार, बेहतर लग रहे

बड़े दिनों से फँसे थे, कशमकश में
क्या अल्फ़ाज़ होंगे, इश्क़ की पेशकश में
उलझन सुलझाने के आसार, बेहतर लग रहे
थोड़ा पास आने के आसार, बेहतर लग रहे

मिलते ही पूछेंगे, कहाँ छुपे थे हुज़ूर!
अब न करिएगा, अपने साये से दूर
यूँ शिकवा जताने के आसार, बेहतर लग रहे
थोड़ा पास आने के आसार, बेहतर लग रहे

उनके पास में ही, अपनी भी रिहाइश है
मुद्दत से थके, आराम की ख़्वाहिश है
गेसू तले, पलकें झपकाने के आसार बेहतर लग रहे
थोड़ा पास आने के आसार, बेहतर लग रहे

बेक़रार

सूली पर चढ़ने को, तैयार हो रहा है
दिल लगाने, दिल, बेक़रार हो रहा है
बस! एक चेहरा, मन में आ बसा
लाख चाहा, न हो! प्यार हो रहा है

चाँद के रह-रह के छुपने की, वजह क्या
उन्हें देख, निंहायत शर्मसार हो रहा है

वो छत पे होते खड़े, लम्बी क़तार नीचे
आधा शहर, इश्क़ का बीमार हो रहा है

पास की गलियाँ, इतनी सूनी क्यूँ दिखतीं
आशिक़ों से इक रास्ता, गुलज़ार हो रहा है

रात को जगे फिरते, दिन में सब नदारद
हर कोई नींद बिना, बेज़ार हो रहा है

जान-बूझकर, तड़पाने का मज़ा ले रहे वो
शरारती हुस्न पर शुबहा, बार-बार हो रहा है

नशा

वापस नशेमन तक पहुँचते, कि उतर गया नशा
साक़ी ने ख़ूब पिलाया, फिर किधर् गया नशा?
बनावटी रिश्तों की घुटन से निकलते, पर
मिलावट बेहद थी, तभी तो, मर गया नशा

ख़ाली बोतलें, बिलकुल ही नहीं डोलतीं
क्या सफ़ाई से निकल! बाहर गया नशा

इक नशा काफूर, तलब बढ़ी दूसरे की
दिखाई दिये वो, सर के ऊपर गया नशा

हमपे नज़रें क्या डालीं, गहरा छा गया ये
उन आँखों के सदक़े, बहुत अन्दर गया नशा

शबाब और शराब—अलग दिखते हों भले
दोनों को लेकिन—एक कर गया नशा

तहज़ीब वाले लोग, फिरते मदहोश बड़े आजकल
क्या उन गलियों में भी, भर गया नशा?

की पुराने दौर में, जाने की पुरज़ोर कोशिश
पर होश लौटाने से, बिलकुल मुकर गया नशा

सब नशे को इतना बुरा-भला, क्यूँ कहते हैं!
बददुआ मिली तो, और कमाल कर गया नशा

शर्त

आख़िर कब पूरी होगी उनकी, आज़माने की शर्त
पसन्द उन्हें बहुत! रोज़ लगाने की शर्त
हम हमेशा को दूर जाने को, हैं तैयार,
अपनी भी, एक दफ़ा, पास आने की शर्त

गुज़रते पलों से भी जल्दी, बदलता मिज़ाज उनका
और रूठने के पहले रखी, मनाने की शर्त

कल पयाम भेजा किसी से, बैरंग लौट आया
बग़ैर रज़ामंदी, ग़लत पता बताने की शर्त

सुना है—घर में शोर क़तई गवारा नहीं
लादी तेज़ धड़कनों को, धीमे चलाने की शर्त

हम तो आमादा थे, हाले दिल सुनाने को
मिलते ही मिली, ख़ामोश रह जाने की शर्त

दीदार कर न सकें उनका, ज़िद उनकी बड़ी
बिना जुर्म किये, कैसे मानें तड़पाने की शर्त?

कहते हैं, तुम्हें इश्क़ की नेमत, मिलेगी कभी
मानो! सजदे में हमारे, सर झुकाने की शर्त

उनकी हर शर्त, सर-आँखों पर रखेंगे, पर
ठुकराएँगे, दूर जाकर भी, भूल जाने की शर्त

मोहब्बत की लौ

दिल में, मोहब्बत की लौ, जलने तो दो
मयख़ाने में, दौरे मैकशी, चलने तो दो

आँखों से ज़ाम पिया, नशा गहरा तो चढ़ेगा
अभी पहलू में आए, अरमां निकलने तो दो

उलझी लटों को, कभी हम ही सुलझाएँगे
मदहोश हो चुके, ज़रा सँभलने तो दो

तुम्हारे भी मन में, जज़्बात सो रहे हैं
वक़्त पे मचलेंगे, अभी पलने तो दो

एक बार जो निकला, सैलाब बन उमड़ेगा
हुस्न को तपिश में, पिघलने तो दो

सजदे में खड़े, इक झलक की आस में
वक़्त लगेगा, उन्हें पहलू, बदलने तो दो

नई राह पर रखा है, क़दम झूम के
चलना सीख जाएँगे, थोड़ा फिसलने तो दो

सँभलते-फिसलते, प्यार की मंज़िल मिलेगी 'महिवाल'
सुबह होगी, कोशिशों की रात, ढलने तो दो

प्यार के सैलाब ने...

तोड़ दिया हर बंधन को, प्यार के सैलाब ने
बस एक नज़र देखा हँसकर, उस गुलाब ने

ऐसा चढ़ा ख़ुमार! अब उतरता ही नहीं
उम्र भर का नशा दिया, आँखों की शराब ने

तब से हरदम! साथ ही रखते हम
जब से मिलाया उनसे, खोई किताब ने

कोई कहता अब शायर, तो गुरूर होता हैं
क्या ख़ूब जादू किया! उनके हुस्नोशबाब ने

बदल डाली है ज़िन्दगी, उस पल ने हमारी
जब से नज़रें इनायत, की है जनाब ने

बुलंद इरादों में, जीना सीख गए, आजकल
ख़ौफ़े मौत को दूर किया, उनके ख़याल ने

ये प्यार कभी बेसबब होता कहाँ, महिवाल
सोच! क्यूँ हैं लुभाया तुझे, हीरे नायाब ने

मर्ज़े इश्क़

जिसे देखो! उसे मर्ज़े इश्क़ हुआ है
कहीं खुलकर, कहीं परदे में छिपा हुआ है

समझकर भी, ये रास्ता बर्बादी का है
हरेक लुटनेवाला या पहले से लुटा हुआ है

काम नहीं ऐसा, नाम हो दुनिया में
आशिक़ गुमनामी में ही, खोया हुआ है

किताबों में, इसे अनमोल कहते हैं, पर
हक़ीक़त के पन्नों में, बिका हुआ है

कितना भी ढूँढ़ो, एक बार जो निकले
आवारा क़दमों का, कोई पता हुआ है?

ख़ुशियों को उनके ग़म से, बदलते रहना
आहें भरना! हक़्क़े उलफ़त अदा हुआ है

अकेले थे, रास्ते कटते थे मज़े में
चलना दूभर, उनका प्यार मिला हुआ है

फिर भी उनको, सब कुछ माना है
देखिए! महिवाल, नाज़नीन पे फिदा हुआ है

अरमान

तंग कुरते को जो थोड़ा, ढीला कर डाले
अदा पे आशिक़ों ने, कितने अरमान निकाले!
वो बढ़ते रहे, बेफ़िक्र हो, रहगुज़र पर
आहें भरते रह गए, इश्क़ में मिटनेवाले

शोख़ी और शरारत, चोली-दामन का है साथ
कहाँ समझ पाते! ये आशिक़ भोले-भाले

इल्तजा-ए-इश्क़ पर, नाराज़ न हो जाएँ
इस डर से बैठते, ज़ुबान पे लगा ताले

बिछाना चाहते हैं राहों में, दिल अपना
पैरों से कहीं वो, हवा में न उछाले

सफ़र प्यार का लम्बा, बड़ा मुश्किल भी
मंज़िल पाते, पैरों में पड़ ही जाते छाले

सोचकर बढ़ते—कभी नेमते इश्क़ मिलेगी भरपूर
पड़ जाते पर, चैनो-क़रार के लाले

क़ैद में होना, आज़ादी से कहीं बेहतर
किया ख़ुद को, उनकी ज़ुल्फ़ों के हवाले

शराबी का नशा, उतरते उतरते ही उतरता है
जिसने आँखों से पिया उसे, कौन सँभाले?

एक-एक दिल, एक बार ही बदलेंगे
मौसम की तरह नहीं बदलते, सच्चे दिलवाले

ज़िन्दगी

मेरी ज़िन्दगी को तुमने, सँवार दिया होता
इस ठोकर के बदले, प्यार दिया होता

ये तो अपनी, उलझनों के दिन
वक़्त कटता है कैसे! पल गिन-गिन
रुक सकते थे तुम, यक़ीन है लेकिन,
जो मुड़ने पे तुझको, पुकार दिया होता
मेरी ज़िन्दगी को तुमने, सँवार दिया होता

मेरी इब्तदा भी तू, मेरी इन्तहा भी तू
मेरी रूह है वहीं, जहाँ-जहाँ भी तू
हर सू तू ही तू, यहाँ-वहाँ भी तू!
मैं खिंचा आऊँगा, जाए कहाँ भी तू
हाथ थाम, ग़मे तन्हाई उतार दिया होता
मेरी ज़िन्दगी को तुमने, सँवार दिया होता

हर वक़्त मुझको, तेरी ही ज़रूरत थी
मन में बसी, बस! तेरी ही मूरत थी
फ़िज़ा तेरे बिन, लगती न ख़ूबसूरत थी

साथ ही जी पाएँगे, इकलौती सूरत थी
बाँहों में तेरे, जीवन गुज़ार दिया होता

मेरी ज़िन्दगी को तुमने सँवार दिया होता
इस ठोकर के बदले प्यार दिया होता

ख़्वाब

ख़्वाब अपने सलामत, पर आराम छिन गया
नाम उनसे क्या जोड़ा, मेरा नाम छिन गया
आग़ाज़ की आग़ोश में, क़ैद सख़्त मिली
रिहा होना नामुमकिन अब, अंज़ाम छिन गया

आहिस्ता-आहिस्ता मन पे पकड़ कसी ऐसे
चाँदनी मंद शाम की, रात में बसी जैसे
पलकें मूँदी, तो उजाला तमाम छिन गया

नाम उनसे क्या जोड़ा, मेरा नाम छिन गया

हमने थोड़ा क़रीब आने की इजाज़त माँगी
है प्यास कम करनी, इस बाबत माँगी
प्याला लबों तक पहुँचा, ज़ाम छिन गया

नाम उनसे क्या जोड़ा, मेरा नाम छिन गया

अब कौन छूटना चाहता! हसीं हिरासत से
सब कुछ हार गए, इस सादगी-नफ़ासत से

कश्मकश से जूझते थे, काम छिन गया
नाम उनसे क्या जोड़ा, मेरा नाम छिन गया

जीत के बाद, हार से क्या बिगड़ता है
कुछ पाने की, ख़ातिर कुछ खोना पड़ता है
रसूख़ हासिल किया, पर इनाम छिन गया
नाम उनसे क्या जोड़ा मेरा नाम छिन गया

गुरेज़

बात-बात पे रूठते, हमें कोई गुरेज़ नहीं
बिन काँटा चुभे, कभी सजता कोई सेज नहीं
मनाने में, बीतते हैं पल, बातों-बातों में
रंग डालेंगे अपने रंग, कच्चे हम रँगरेज़ नहीं

सोचा न था, वो इतने तुनकमिज़ाज होंगे
नोक-झोंक माशाअल्लाह, नये-नये अन्दाज़ होंगे
मानकर, बिलावजह रूठने से भी, परहेज़ नहीं

बात-बात पे रूठते, हमें कोई गुरेज़ नहीं

सुना था, हर हुस्न की, रूठने की फ़ितरत है
ख़ुशामद आदत बने, शायद ये हसरत है
ज़ुबान अपनी मीठी, उनके जैसी तेज़ नहीं

बात-बात पे रूठते, हमें कोई गुरेज़ नहीं

ख़ुशमिज़ाज दिखते वो, हमारे आने से पहले
मशक़्क़त ख़ूब, तल्ख़ तेवर जताने से पहले
सोची-समझी अदा ये, बिलकुल हैरतअंगेज़ नहीं

बात-बात पे रूठते, हमें कोई गुरेज़ नहीं

सोहबत में, सीख लेते ही लोग, नये तरीक़े
हम रूठे, वो लाएँगे कैसे, मनाने के सलीक़े
तब मानेंगे हमको! इकलौते वो तबरेज़ नहीं
बात-बात पे रूठते, हमें कोई गुरेज़ नहीं

दीदार

प्यार किसी और से, दीदार किसी और का
करने लगे हैं अब, इंतज़ार किसी और का
बड़े नाज़ से, जिसे अपना कहते थे हम
हो गया, बेवफ़ा यार! किसी और का

क्यू बनते मेहमान, तुम्हारे दिल के हम
जब होना था, मेरा प्यार किसी और का

लाखों मन्नतों से, मिली थी रुख़-ए-चाँदनी
कैसे देखेंगे भला, रुख़सार किसी और का

तक़दीर बनाने क्या निकले, जोड़ उनसे नसीब
मयख़ाना अपना, साक़ी! तलबग़ार किसी और का

हमने परस्तिस की, बुत के बाँकपन की
मूरत सजी, जहाँ, दरबार किसी और का

बेक़रारी ज़माने भर का, देकर बतौर तोहफ़ा
बन सकेगी वो? क़रार किसी और का

वीरान ज़िन्दगी में, कोई न आएगा
क्यूँ रास्ता देखते, बेकार किसी और का

मोहब्बत का पैग़ाम

जिस रोज़, उन्हें मोहब्बत का पैग़ाम देंगे
गुमनाम शख़्सियत को, इक नाम देंगे
सोचा है, सारे ग़म, गले लगाकर
उस दामन में, ख़ुशियाँ, तमाम देंगे

बिना पिये ही, मदहोश रहता हो जो
उसे मदभरे नैन ही, ख़ास जाम देंगे

ले चल! ए दिल, अब उस चौखट पर
आवारगी को अपनी, मुक़म्मल अंज़ाम देंगे

वो हुस्न बेनज़ीर, हम उनके निगहबां
दोनों जहाँ को उल्फ़त, का पयाम देंगे

सुना बड़े घरों में, बड़े दिलवाले रहते
मिन्नते इश्क़ पर, देखे वो! क्या इनाम देंगे

दिल के ज़र्रे-ज़र्रे में, प्यार है 'महिवाल'
क्या सौग़ात अब! ख़ुदा और राम देंगे

सज़दा

महबूब को सज़दा करना, दुनिया को झुकाना है
ज़माने में, इसी का नाम, दिल लगाना है
सुनी-सुनाई होती, तो ख़ामोश ही रह जाते
दर्द-ए-उलफ़त!, हमने शिद्दत से पहचाना है

सच हैं—ज़िन्दगी का मक़सद—चलते जाना
सबक़ एक सीखा—माशूक़ के पीछे जाना है

राह रौशन करती हैं, दो चिराग़ी आँखें
इनसे गुज़रकर, मंज़िल-ए-तसक़ीन को पाना है

वो और होंगे, प्यार हासिल न कर सके
हमें तो, दिलोजान लुटा, उन्हें अपना बनाना है

पहले सोचते थे, हमारे साथ ही हुआ क्या
गुफ़्तगू से पता चला, बहुतों का फ़साना है

हर अदा जुदा है, सारे ज़माने में उनकी
मुस्कुरा के मुख मोड़ना, अदा कातिलाना है

अन्दाज़ है शायराना, अपना मिज़ाज आशिक़ाना है
नाम पूछो, तो लोग कहते, 'महिवाल' दीवाना है

दीदार के मुंतज़िर

क़बूल किया, उनके दीदार के, मुंतज़िर हैं
एक इशारा काफ़ी, ख़िदमत में हाज़िर हैं
हालिया शौक़ है, बुते संगमरमर तराशने का
सर तो झुका दें, कह न दें! काफ़िर हैं?

परदे में रहना, हुस्ने बेमिसाल की आदत
बढ़ती ही जा रही, विसाल की शिद्दत
कब मानेंगे! हम तो उनके नाज़िर हैं
क़बूल किया, उनके दीदार के, मुंतज़िर हैं

तारीख़े इश्क़ में, मिसाल क़ायम करना
आसान नहीं, मैदाने जंग में उतरना
प्यार का लम्बा सफ़र, दूर के मुसाफ़िर हैं
क़बूल किया, उनके दीदार के, मुंतज़िर हैं

कई बार, पास से गुज़रते, बिना इत्तला के
बड़े पसोपेश में हैं, नफ़ासत से बतला के
उनका भी पहला ही मौक़ा, कहाँ माहिर हैं!
क़बूल किया, उनके दीदार के, मुंतज़िर हैं

लगाया है हमने, निगाहे शौक़ पे निशाना
देखते हैं, वो, कितना बदलेंगे ठिकाना
चाँद, तारे, सूरज—मेरे ही तो मुख़बिर हैं

क़बूल किया, उनके दीदार के, मुंतज़िर हैं
एक इशारा काफ़ी, ख़िदमत में हाज़िर हैं
हालिया शौक़ है, बुते संगमरमर तराशने का
सर तो झुका दें, कह न दें, काफ़िर हैं?

उम्मीदों के चराग़

नज़रों से अपनी, जो वो नज़रें मिलाते हैं
मायूस जिंद में, उम्मीदों के चराग़ जलाते हैं
होती हैं, इस तरह, जगमग ये कायनात
वफ़ा को फिर, हुस्न का जलवा दिखाते हैं

जलवों की इस चमक में, बज़्म नहाई-सी
निगाहें झील-सी, हम उसमें डूब जाते हैं

होश का सफ़ीना, जानिबे साहिल चले कैसे
दिल के भँवर में, दिन-रात चक्कर खाते हैं

ठिकाना मिलेगा भी या इम्तहान और मुश्किल
जवाब जब मिले, सवाल रोज़ उठाते हैं

आजकल वो बेवजह, बेक़सूर को सताते हैं
बड़े अनोखे अन्दाज़ में, प्यार जताते हैं

कोई पूछ न बैठे, इस हालत का सबब
लोगों से मिलने से, आजकल कतराते हैं

जब दिलबर रूह में, क्या काशी-क़ाबा
महबूब ख़ुदा, उनके सज़दे में, सर झुकाते हैं

धुँधली

जो धुँधली पड़ चुकी, वो याद हूँ मैं
जिसे मिली नहीं शीरी, वो फ़रहाद हूँ मैं
अपने इश्क़ की बर्बादी, मैं कैसे रोकूँ
इस इश्क़ में तो, ख़ुद ही बरबाद हूँ मैं

बड़े चाव से, मिला करते थे हरदम
अब सुनते ही नहीं, वो फ़रियाद हूँ मैं

रफ़्ता-रफ़्ता दिलआशनाई परवान चढ़ी थी
ख़िज़ाँ गुलशन में, अब कहाँ शाद हूँ मैं

किसी और के बाग़ में, जा बैठी हैं जो
उस बुलबुल का हारा हुआ, सैयाद हूँ मैं

जिसकी ख़ातिर, मिटते रहे क़तरा-क़तरा
ग़ज़ब किया, उसने कहा—आबाद हूँ मैं

मर्ज़ का इलाज़ वक़्त पे, हो न पाया
नासूर बन गया, तकलीफ़ बेमियाद हूँ मैं

ना जाने, कितने लुटे पहले, प्यार में
और ना पता, कितनों के, बाद हूँ मैं

अक्स

आईना देखा, उनका अक्स नज़र आया
लौटकर दीवाना, उनके ही दर आया

भला क्यों, दरवाज़े पे बेसबब खड़े रहते!
मुजस्सिम पाया, उनका भी, दिल भर आया

शिकायत निगाहों में, उनसे दूर जाने की
कोशिश पुरज़ोर, एक-दूसरे को आज़माने की
बेहद कश्मकश! तोहमत, अपने ही सर आया
लौटकर, दीवाना, उनके ही दर आया

बिछड़ के मिलना, खुलूस की वहशत
अब होने न देंगे, नाकाम ये उल्फत
जो साथ में उनके, ख़ुशनुमा सफ़र आया
लौटकर दीवाना, उनके ही दर आया

फिर मिलना अपना, क़ुदरत की मेहरबानी
साज़िश रूहानी, ये जवानी, ये कहानी
बस गले लगाया-चंचल अहसास उभर आया

आईना देखा, उनका अक्स नज़र आया
लौटकर दीवाना, उनके ही दर आया

जुदाई का लम्हा

जुदाई का हर लम्हा, गुज़रता नाग़वार है
दिल क्या लगाया, अब जीना दुश्वार है
हसीन फ़िज़ा, अब ख़िज़ाँ में बदल रही
दूर होती जा रही, छाँव-बहार है

किसी जलसे में शिरक़त की, हसरत नहीं
उनके पहलू में रोने को, दिल बेक़रार है

नाख़ुदा बने थे, साहिल की तलाश थी
जहाँ लाके छोड़ गए, भँवर मझधार है

साक़ी, सागर, पैमाना—किस काम के मेरे!
मन अपना, एक झलक का, तलबग़ार है

रस्ता तकते, निगाहें पथरा जाएँ, तो क्या!
मिलेंगे ही, बस, क़यामत का इंतज़ार है

जुनून देख मेरा—इल्ज़ाम दिया दीवानगी का
लोगों को कहा—ये दिल का बीमार है

जब चौखट पे उनके, ग़श खाकर गिरेंगे
क़बूल करेंगे तभी—उन्हें हमसे प्यार है

किधर जाएँगे हम...

ग़लत समझा, तो, किधर जाएँगे हम
जो कहा ग़लत, फिर मर जाएँगे हम
हमें समझने की ज़हमत, थोड़ी तो करो
ये समझाने, कुछ भी कर जाएँगे हम

मेरी मंज़िल भी तू, साहिल भी तू
तुझसे दूर, कहाँ दर-बदर जाएँगे हम

शिकायत करना भी चाहें, किससे करें!
दुहाई देने, आपके ही घर जाएँगे हम

इस चिलमन को, हटाने की बेताबी में
लगता है, हद से गुज़र जाएँगे हम

बेसब्र हो गुहार लगाने का, जी करे है
डरते—उनकी नज़रों से उतर जाएँगे हम

सबको छोड़, बस! उन्हें अपनाने की ज़िद
जो वो छोड़ देंगे, बिखर जाएँगे हम

हमें दीवाना समझ, सब हँसने लगे हैं
ग़र वो मुस्कुरा दें, सँवर जाएँगे हम

उनके ख़याल में...

क्यूँ खोये रहते हैं, उनके ख़याल में
उलझते जा रहे, बस! इसी सवाल में
आज बेसाख़्ता ही, पूछ बैठते ही उनसे
कि जवाब मिला, उस रौनक़े जमाल में

अब घड़ी भर भी, चैन मयस्सर कहाँ!
आँखों में रात जा रही, पूरे साल में

देखा कि नज़रें झुक गईं, अकीदत से
हम तो फ़ना हो गए, रूख़े ज़लाल में

होश में लौटना, जब मुमकिन नहीं तो
लड़खड़ाते रहेंगे, उनकी पलकों के जाल में

मिले उनसे, इक अरसा गुजर गया है
तसव्वुर में लगता, मिले हों हाल में

ग़र आते नहीं, ख़्वाबों में, किसी रात
पूरा दिन कटता, सोच में, मलाल में

घटा में जैसे चाँद, छुप गया देखो,
खो जाओ न, आकर, दिल-ए-महिवाल में

छुपाना जज़्बात का

मुश्किल है बड़ा, इस जज़्बात को छुपाना
यूँ बढ़ रही, अपनी मुलाक़ात को छुपाना

ये क़सक नश्तर बन, उतरती ज़ेहन में
ना दिन में सुकून, नामुमकिन, रात को छुपाना

सब पूछते—दिखता नहीं, कहाँ मशगूल है
कैसे कहें! हमें गुमनाम रहना क़बूल है
हमारी हर कोशिश, इस हालात को छुपाना
मुश्किल है बड़ा, इस जज़्बात को छुपाना

जब बैठते वो पास आ, इत्मीनान से
लगता, चाहते हैं हमें, दिलोजान से
चाहते वो भी, हर बात को छुपाना
यूँ बढ़ रही अपनी, मुलाक़ात को छुपाना

वक़्त लाज़मी था, थोड़ा क़रीब आने को
जी न करता, उनसे दूर जाने को
रस्मे दुनिया का तक़ाज़ा, ताल्लुक़ात को छुपाना
मुश्किल है बड़ा, इस जज़्बात को छुपाना

छुपाते-छुपाते, धीरे-धीरे पास आते-आते
तरन्नुम बनी ख़ुशगवार, कई गीत गुनगुनाते
कुछ देंगे पर कहकर—सौग़ात को छुपाना

मुश्किल है बड़ा, इस जज़्बात को छुपाना
यूँ बढ़ रही, अपनी मुलाक़ात को छुपाना

ये क़सक नश्तर बन, उतरती ज़ेहन में
ना दिन में सुकून, नामुमकिन, रात को छुपाना

मदमाती ख़ुशी

बेहिसाब दिखती इस चेहरे पर, मदमाती ख़ुशी
हमें जन्नत की राह ये, दिखलाती ख़ुशी

कब तलक, इनसे महरूम रहता ग़म मेरा
हस्ती पे मेरी वो, झूम के बरसाती ख़ुशी

दो ख़ुशियों के कमल, तासीरे आफ़ताब
पंखुरियाँ छूते ही, हमसे लिपट जाती ख़ुशी

कितनी सर्द है न! ये शबनमी चाँदनी
गर्मियों में बर्फ़ बन, छिटक जाती ख़ुशी

उनकी ख़ुशियाँ ही तो, मेरा सरमाया हैं
दोनो हाथों से बेहद हैं लुटाती, ख़ुशी

हौले से आके, बने हैं हबीब, जहनसीब
ग़ुबारे रूह पे, क्या क्या रंग जमाती ख़ुशी

जज़्बात से, रंज-ओ-ग़म का नामोनिशां ग़ायब
पतझड़ के सर बहार बन, ख़ूब इठलाती ख़ुशी

हरदम नशा, हर पल महक़, साँसों में हैं
कायनात में 'ख़ुशबू' बन, ऐसी समाती ख़ुशी

तराना मोहब्बत का

गूँज रहा गलियों में, तराना मोहब्बत का
जवाँ दिल धड़का, बना फ़साना मोहब्बत का
ख़ुदग़र्ज़ शहर की फ़ितरत, बदलती दिख रही
दे रहे, इक-दूजे को, नज़राना मोहब्बत का

कभी दम घुटता था फ़िज़ा में, नफ़रत बड़ी
हर तरफ़ छलकता अब, पैमाना मोहब्बत का

शिकवे कम, चेहरे रौशन दिखते हैं सबके
हर घर बना अब, आशियाना मोहब्बत का

दर दर कोई क्यूँ भटके, जाम की ख़ातिर
हर मदभरी आँखों में, मयख़ाना मोहब्बत का

शहर में गुनाह नहीं, दरकार किसे अब?
हर शख़्स लुटा रहा, ख़ज़ाना मोहब्बत का

मर्ज़ हुआ करता था, वही दवा है अब
देखो जिसे, वही बना, दीवाना मोहब्बत का

ये मुहिम, अकेले ही शुरू की थी, महिवाल
जल्द ही, बना डाला, सारा ज़माना मोहब्बत का

पैग़ामे-मोहब्बत

जवाँ धड़कनों का एक ही पैग़ाम, मोहब्बत
आती, हम आशिक़ों के ही काम, मोहब्बत

तय ना किये फ़ासले, पा ही ली मंज़िल
कभी थी वो आग़ाज़, अब अंजाम, मोहब्बत

सुना था, वफ़ा, इक अनमोल-सी शय हैं
मिला हैं हमें, इसका भी दाम-मोहब्बत

पैमाने, साक़ी, मयख़ाने—गए दिनों की चीज़ें
पीते, पिलाते हैं, एक ही जाम-मोहब्बत

तपते बदन को न चाहिए, दरख़्तों का साया
लाई है जबसे, ज़ुल्फ़ों की शाम, मोहब्बत

जागीर और शोहरत की, हसरत नहीं रही
जहाँ जाएँ, करती है, एहतराम! मोहब्बत

कौन कहता! उलफ़त का सिला है—रुसबाई
हमने किया, पाया है इनाम, मोहब्बत

इसकी वजह से, सब कहते हमें—'दीवाना'
सोचते हैं, रख लें, दूसरा नाम, 'मोहब्बत'

जिसे पत्थरदिल समझा

जिसे पत्थर दिल समझा, वो मेहरबान निकल गई
लगता, सदियों की उनसे,पहचान निकल गई

उनका साबका पड़ा, जैसे ही प्यार से
मासूम हसीना, अरमान, जवान निकल गई

अन्दाज़-मिज़ाज, सब कुछ बदला है अपना
लगता, फ़ितरत अपनी, बेईमान निकल गई

माद्दा जूझने का, कई गुना बढ़ गया
जाने से घबराते, राह, आसान निकल गई

हम सोचते थे, कैसे काटेंगे ये सफ़र
उनका हाथ थामा, मुश्किलें आसान निकल गई

दूरियाँ घटाने में, इक अरसा निकल गया
जब पास बुलाया, तो परेशान निकल गई

क़त्ल का सामान, तिरछे नैनों में पैवस्त
उनसे नज़रें मिलीं, पल में, जान निकल गई

किसी में ऐसी ख़ासियत नहीं...

यक़ीं दिलाया था, किसी में ऐसी ख़ासियत नहीं
पर पहले जैसी देते, हमें अहमियत नहीं

बनाते, न मिलने के बहाने, रोज़ नये-नये
उलफ़त छोड़िए! अब तो पूछते भी कैफ़ियत नहीं

दिल मानता कहाँ—इतने बदल गए वो!
दिमाग़ कहता, कहीं यही तो असलियत नहीं!

कहाँ घंटों बेसब्र रहते थे, इंतज़ार में
कभी न मिलते, जँचती ये मसरूफ़ियत नहीं

थोड़ा नज़रअन्दाज़ करना शुरू किया, शुरू में
इतनी बेरुख़ी दिखाई, कि लगती कहीं तबीयत नहीं

दुहाई देंगे तो, रुसवा होंगे वो ज़माने में
क़तई न होगा, ऐसी अपनी तरबियत नहीं

शिद्दत से वफ़ा दे, साथ जो माँगा उनका
तंज कसा—इतनी कम तो हमारी हैसियत नहीं!

जाओ—कहीं और जाओ, ठिकाना तलाशो दूसरा
इस रिश्ते में लगती, हमें सहूलियत नहीं!

बार-बार 'बेवफ़ा' हुस्न कहते रहे सब लोग
यही सच है क्या? फिर शिकायत नहीं

सिलसिला

पहचान हुई इक मोड़ पे, बात होने लगी
फिर नज़रों से मन तक आया, सिलसिला बढ़कर

हर गुफ़्तगू में कशिश बेपनाह, बेइंतहा
और गहरा हो रहा नींदों से फ़ासला बढ़कर

पलकें क्या झुकीं, इक़रार का इशारा समझ बैठे
रूह तक पहुँचा, अरमानों का क़ाफ़िला बढ़कर

मुस्कुरा कर जो पहलू में आईं, थम जाएगी क़ायनात
समेट लेगा आग़ोश में, जुनून का ज़लज़ला बढ़कर

इन मख़मली हाथों से, बस जुल्फ़ें सँवारती होंगी
कहाँ मालूम था, वो कर लेंगी ये फ़ैसला बढ़कर

पहले दिल लिया, अब जान लेकर ही मानेंगी
देखिए! किस हद तक जा पहुँचा उनका हौसला बढ़कर

बादे सबा

वादियों में बादे सबा ने, ठिठुरन बढ़ा दी
पेशानी चूमती लटों ने, उनकी उलझन बढ़ा दी

हम पास न आ जाएँ, गेसू सँवारने को
ख़याल ने, उनके चेहरे की, शिकन बढ़ा दी

सर्द मौसम में भी, अहसासे ख़लिश, तपिश
बाल छूती हवा ने, दिल में अगन बढ़ा दी

इक दफ़ा, ख़ुद से होकर, सुलझा लिया था
मदमस्त झोंकों ने, फिर से, अनबन बढ़ा दी

बेहतर होता, वादियों में, ना ही टकरातीं
जलवाफ़रोश हुईं, अहसास में, चुभन बढ़ा दी

हया की नरमी, वफ़ा की ख़ुशबू, कभी होगी महसूस
साथ चलने की ज़िद ने, सिहरन बढ़ा दी

जाने क्या हुआ, उनकी ज़ुल्फ़ों को छूते ही
पाकीज़ा ने धड़कते दिल की, धड़कन बढ़ा दी

इंद्रधनुषी रंग

होंठों में नूरे इलाही, इंद्रधनुषी रंग है
पाँव आसमाँ पे, ऐसी अप्सरा जिसके संग है

बस...देखते रहने की तमन्ना, कुछ सूझता कहाँ
न देख पाए, गुज़रता दिन, बेमज़ा, बेरंग है

सात रंग जुदा-जुदा, ख़ास न करते कमाल
आ मिले इन लबों में, फिर बने बेमिसाल
इनको ही, सुर्ख़ करने की, छाई उमंग है
होंठों में नूरे इलाही, इंद्रधनुषी रंग है

उनकी चाहत रंगों से, अधरों को सजाने की
अपनी ख़्वाहिश, बस उनपे, मुस्कुराहट खिलाने की
ना मुस्काये, अधर कहीं, जग लगता बदरंग है
होंठों में नूरे इलाही, इंद्रधनुषी रंग है

गुंचों का रंग होंठों में, फूलों की तस्वीर
कहाँ गुमां था, बदल देंगे, आरज़ू की तक़दीर
सब कहते शायर का, बदला-बदला ढंग है

होंठों में नूरे इलाही, इंद्रधनुषी रंग है
पाँव आसमाँ पे, ऐसी अप्सरा जिसके संग है